Bernhard Stentenbach

Lernwortschatz zur französischen Textarbeit

Diesterweg

Sprachliche Beratung: Christiane Cohn und Alain Raymond
Beratende Mitwirkung: Bernd Schumacher

© 1997 Bildungshaus Schulbuchverlage
Westermann Schroedel Diesterweg
Schöningh Winklers GmbH, Braunschweig
www.diesterweg.de

Druck A ^{10} / Jahr 2012
Alle Drucke der Serie A sind im Unterricht parallel verwendbar.

Umschlaggestaltung: Grafik-Design Reckels & Schneider-Reckels, Wiesbaden
Satz: Fotosatz Griesheim GmbH, Griesheim
Druck und Bindung: pva, Druck und Medien-Dienstleistungen GmbH, Landau

ISBN 978-3-425-06719-3

VORWORT

Der vorliegende „Lernwortschatz zur französischen Textarbeit" ist eine völlige Neu-bearbeitung des „Französischen Lernwörterbuchs zur Textanalyse", das sich seit 1976 an den Gymnasien und Universitäten als ein unentbehrliches Hilfsmittel erwiesen hat.

Der neue „Lernwortschatz zur französischen Textarbeit" entspricht in Inhalt und Auf-bau den Anforderungen, die in den neuen Lehrplänen der Bundesländer an die Text-arbeit von Klasse 10 bis zum Abitur gestellt werden. Er berücksichtigt gezielt die praktischen Bedürfnisse der Benutzer bei der Textarbeit im Unterricht und bei den Klausuren.

Der neue „Lernwortschatz" gibt umfassende Hilfen für die Behandlung aller wesent-lichen Textsorten (literarische und nicht-literarische Texte).
Ein besonderes Kapitel ist der Abfassung eines Textkommentars gewidmet. Es enthält alle wichtigen Ausdrücke zur persönlichen Stellungnahme sowie einen speziellen Wort-schatz zum Textzusammenhang, der hinsichtlich der Realisierung von Satzverknüpfung und Textstruktur eine große Hilfe darstellt.
In einem abschließenden Kapitel wird ein Diskussionswortschatz angeboten, der die wichtigsten Ausdrücke und Wendungen für das Unterrichtsgespräch im Rahmen der Textarbeit enthält.

Der neue „Lernwortschatz" hat den Charakter eines echten Lernwörterbuchs, das folgende Vorteile aufweist:
- Zu allen wesentlichen französischen Wörtern und Ausdrücken wird in der rechten Spalte die deutsche Bedeutung angegeben. Die betreffenden französischen Wörter sind kursiv gedruckt.
- Aus der Fülle der französischen Ausdrücke wurde ein sog. unverzichtbares Grund-vokabular ausgewählt, das bei der Textarbeit ab Klasse 10 eingesetzt werden kann. Das Grundvokabular ist durch einen Punkt (•) am Rand gekennzeichnet. Auf dieser Basis kann der Schüler eigenständig im Laufe der Jahrgangsstufen 11 – 13 ent-sprechend seiner speziellen Bedürfnisse nach und nach sein individuelles Text-besprechungsvokabular erweitern.
- Ein systematisches Lernen und gezieltes Wiederholen der Ausdrücke wird dadurch erleichtert, dass in der Anordnung des Lernvokabulars das Wichtige vom weniger Wichtigen unterschieden wird, d.h.
  - die in einem Ausdruck als Beispiel hinzugefügten inhaltlichen Elemente sind in Klammern gesetzt,
  - die zu einem bestimmten Ausdruck hinzugefügten kontextualisierten Beispiele sind generell eingerückt.
  Dies bedeutet,
  - dass der Benutzer / die Benutzerin sich beim Lernen nur auf die eigentlichen Aus-drücke (ohne die inhaltlichen Elemente und ohne die kontextualisierten Satz-beispiele) konzentrieren kann,

– dass er / sie jedoch bei Bedarf die Möglichkeit hat, die hinzugefügten inhaltlichen Elemente und kontextualisierten Satzbeispiele mitzulernen, da diese eine Bereicherung seines / ihres Ausdrucksvermögens darstellen.

Ein deutsch-französisches Stichwortverzeichnis erschließt das Vokabular der Textbesprechung vom Deutschen her. Es umfasst die wichtigsten deutschen Wörter und Ausdrücke und ihre französischen Entsprechungen unter Hinweis auf die entsprechenden Stellen im „Lernwortschatz".

Bernhard Stentenbach

INHALTSVERZEICHNIS

1. DER TEXT *(le texte)*

1.1. Die Textquelle *(la source)*

- Le *texte est tiré de* la revue «…».   *Text; … stammt aus*
  Le texte *présent* est tiré d'un article   *vorliegend*
           paru dans («l'Express»).
  Ce texte | est tiré du livre «…» dont l'auteur est …
         | est tiré du roman «…» paru en (1992).
- Ce texte est un *extrait* du roman «…» de …   *ein Auszug*
- | Cet article | est paru | en (1992).
  | Ce livre | a été *publié* | *veröffentlicht*

1.2. Der Titel / die Überschrift *(le titre)*

- Le texte | est *intitulé* «…».   *betitelt*
         | a pour titre «…».
- Le titre *indique* | le sujet.   *das Thema angeben*
              | le *thème.*   *Thema*
- Le titre est suivi d'un *sous-titre.*   *Untertitel*
  Le sous-titre *précise* le sujet.   *präzisieren*

| A la 1ère partie, | on pourrait donner comme titre …
| Au 1er paragraphe, |
Quant à la 2e partie, on pourrait l'intituler …
Pour la 3e partie, un titre possible serait …

1.3. Das Thema *(le sujet / le thème)*

- Le texte parle de …
  Il parle de (la situation des jeunes).
  Le texte *traite* de …   *handeln von*
  Il traite du problème de (la liberté).
- Le texte parle du problème de …
  Il parle du problème de (la pollution).

Le texte *aborde* | *un thème* | actuel.   *ein Thema anschneiden*
           | un sujet | d'une grande actualité.
           | un problème |
- Le texte | *traite un sujet* (social).   *ein Thema behandeln*
         | traite le thème de (la guerre).

- Dans le texte, | *il s'agit de* …   *es handelt sich um*
                | on parle de …
                | *il est question de* …   *es ist die Rede von*

Ce texte, | tiré de la revue «…», | parle du problème de …
 | intitulé «…», | traite de …
Dans ce texte, | tiré de …, | on parle de …
 | intitulé «…», | il s'agit de…

1.4. Der Adressat *(le lecteur)*   5

- Le texte | s'adresse à des lecteurs qui s'intéressent à …
 | *fait appel à* ceux qui veulent s'informer sur …   *appellieren an*
 | s'adresse à *un vaste public.*   *ein breites Publikum*

1.5. Der Aufbau / die Gliederung *(la composition)*

(Les expressions suivantes aident à faire un résumé structuré.)   10

1.5.1. Grobeinteilung

- la *composition*   *Aufbau, Gliederung*
- Le texte | *comprend* | 3 parties.   *umfassen*
 | *se compose de* | 4 paragraphes.   *bestehen aus*
 | *est divisé en* | *… ist eingeteilt in* 15
 | *se divise en* | *… teilt sich ein in*
- On peut diviser le texte | en 3 parties.
 | en 4 paragraphes.
Dans le texte, on peut *distinguer* 3 parties.   *unterscheiden*
- On peut *subdiviser* la 2ᵉ partie en 3 *sous-parties.*   *unterteilen; Unterteil* 20
On peut distinguer 3 sous-parties dans la
 partie principale du texte.   *Hauptteil*

1.5.2. Genauere Einteilung mit Thema

- | La 1ᵉʳᵉ partie | va de la ligne 1 à la ligne 15.
Le 2ᵉ paragraphe | comprend les lignes 16 à 30.   25
La 3ᵉ partie | commence à la ligne 31
 | et se termine à la ligne 50.
- | Dans la 1ᵉʳᵉ partie, | on parle de …
- | Dans cette partie, | il s'agit de …
 | *l'auteur* …   *Autor/Autorin* 30

La 1ᵉʳᵉ partie qui va de la ligne … à la ligne … parle de …
Dans la 2ᵉ partie, | on parle de …
 | il s'agit de …
La 3ᵉ partie a pour thème …
- Le thème de la 4ᵉ partie est …   35
On peut *établir des parallèles* entre les 4 parties.   *Parallelen ziehen*

- Au début du texte, | l'auteur …
- D'abord,
- Pour commencer, |
- Le texte *commence par* …   *beginnen mit*
  - Il commence par (la présentation du problème traité).   5
- Puis, | on apprend que …
- Ensuite, | l'auteur parle de …
- Après cela, |
- A la fin du texte, | l'auteur …
- Finalement,   10
- Pour terminer, |
- Le texte *se termine par* …   *enden mit*
  - Il se termine par (un appel adressé au lecteur).
- L'auteur termine le texte | en *affirmant* que …   *behaupten, versichern*
  - | sur un ton plutôt *optimiste*.   *optimistisch* 15
  - | sur un ton plutôt *pessimiste*.   *pessimistisch*

1.5.3. Einleitung – Hauptteil – Schluss

- La 1ère partie | *constitue l'introduction.*   *die Einleitung bilden*
- Le 1er paragraphe | est une sorte d'introduction.
- Dans l'introduction, l'auteur *expose* le problème traité.   *darlegen* 20
- L'introduction présente le sujet.

- Les parties 2 à 4 | constituent la partie principale.
- Les paragraphes 2 à 4 |
- La partie principale | va de la ligne … à la ligne …
  - | comprend les *chapitres* 2 à 4.   *Kapitel* 25
- Dans cette partie, l'auteur | expose …
  - | *développe* l'idée de
    - (la liberté).   *ausführen, entwickeln*
  - | *s'exprime sur* …   *sich äußern zu*
- *L'idée* | *principale* | de cette partie | est …   30
  - | *essentielle* | de ce paragraphe | *Hauptgedanke*
  - | *centrale* |

- Dans la dernière partie, | l'auteur
- Dans la *conclusion*, | *Schlussteil*
  - | fait une *synthèse* de …   *Zusammenfassung* 35
  - | *résume* les points traités.   *zusammenfassen*
  - | fait le *bilan* de …   *Bilanz*
- Dans la dernière partie, l'auteur *tire la conclusion* que …   *den Schluss ziehen*

1.5.4. Textstelle

- Dans ce *passage*, l'auteur dit que …   *Textstelle* 40

Un autre passage important sont les lignes … à …

Ce passage | *révèle* l'intention du texte.   *zeigen, enthüllen*
          | *sert de transition* à la 3ᵉ partie.   *als Überleitung dienen*

1.5.5. Resümee

- On peut résumer le texte en peu de mots.   5
  Le *contenu* du texte se laisse résumer en peu de phrases.   *Inhalt*
  Voici le *résumé* du texte.   *Zusammenfassung*

1.6. Der Charakter des Textes *(les caractéristiques du texte)*

  Le texte est facile à comprendre.
- Il s'agit d'un dialogue.   10
  Le texte contient des parties *narratives*   *erzählend*
                        et des parties *dialoguées.*   *dialogisch*
- Le texte est une sorte de *compte-rendu.*   *Bericht*
  Il s'agit d'un compte-rendu *autobiographique.*   *autobiographisch*
- Le texte contient des éléments | *comiques.*   *komisch* 15
                                 | *humoristiques.*   *humorvoll*
- | Le *comique* | du texte | *se montre* | avant tout dans … | *Komik*
  | *L'humour* | | *se manifeste* | surtout dans … | *Humor*
  Le comique *consiste dans le fait que* …   *…besteht darin, dass* …
  Le texte a une tendance | *ironique.*   *ironisch* 20
                          | *satirique.*   *satirisch*
  | *L'ironie* | *se montre* | dans …   *Ironie*
  | La *satire* | *se manifeste* | *Satire*
  Il s'agit d'une *parodie* qui veut illustrer   *Parodie*
      les *faiblesses* d'une personne ou d'une société.   *Schwäche* 25
- Le texte donne une *caricature* de …   *Karikatur*
  C'est l'aspect *fantastique* qui *éveille* l'intérêt   *phantastisch; wecken*
                                du lecteur.
  Le ton du texte est plutôt pessimiste.

1.7. Die Geschichte – die Handlung *(l'histoire – l'action)*   30

  L'auteur a *inventé* une histoire.   *erfinden*
  L'histoire a été *imaginée* par l'auteur.   *sich ausdenken*
  Il s'agit d'une histoire *fictive* qui n'a aucun rapport   *erdacht*
                              avec la réalité.
  L'histoire est racontée dans la *perspective* d' (un enfant). *Perspektive* 35
  La fin de l'histoire | n'est pas *vraisemblable.*   *wahrscheinlich*
                       | est *invraisemblable.*   *unwahrscheinlich*
  L'auteur raconte l'histoire | avec une certaine *distance.*   *Distanz*
                              | sur un ton ironique.   *in einem ironischen Ton*

- L'*action* se passe | (dans une auberge). — *Handlung*
  | (pendant la Seconde Guerre mondiale).
  Le lieu de l'action est (une vieille auberge).
  Le temps de l'action | est indiquée d'une façon *imprécise*. — *ungenau*
  | n'est pas *précisée*. — *genau angeben* 5

- L'introduction donne une indication précise du lieu,
  du temps et des personnages.
  Le *cadre* de l'action est | réel. — *Rahmen*
  | *irréel*. — *unwirklich*
  | imaginaire. — 10
  L'action se passe | dans la *réalité*. — *Wirklichkeit*
  | dans l'*imagination* du narrateur. — *Phantasie*
- L'action *se déroule* | en plusieurs étapes. — *sich abspielen, verlaufen*
  | en trois étapes.
  Dans le *déroulement* de l'action, on peut constater — *Verlauf, Ablauf* 15
  une certaine *gradation*. — *Steigerung*
  Les actions deviennent plus *intenses*. — *intensiv, lebhaft*
  Il y a des phénomènes *inexplicables*. — *unerklärlich*

  Cela crée un certain *suspense*. — *Spannung*
  Le suspense *provient* du *conflit* — *herrühren; Konflikt* 20
  entre action et *contre-action*. — *Gegenhandlung*
  L'auteur crée du suspense en ne donnant le *dénouement* — *Ausgang, Lösung*
  que dans la dernière phrase.

- ... se trouve dans une situation difficile.
  La situation est *marquée* par l'*hostilité* — *kennzeichnen; Feindschaft* 25
  entre ... et ...
- La situation est *absurde* pour ... — *absurd*
  | Le caractère absurde | de la situation | est *renforcé* par ... — *verstärken*
  | L'*absurdité* | | est renforcée par ... — *Absurdität*
  La description de la situation a quelque chose d'irréel. — 30
  ... crée | une *atmosphère* | mélancolique. — *Atmosphäre*
  | une *ambiance* | hostile. — *Atmosphäre; feindlich*
  Cette scène | est typique de l'hostilité entre ... et ...
  | est pleine de *sarcasme*. — *Sarkasmus*
  Dans cette scène, il y a | des *effets* comiques. — *Effekt, Wirkung* 35
  | des *effets de surprise*. — *Überraschungsmoment*

1.8. Der Erzähler *(le narrateur)*

- L'histoire est racontée par un *narrateur*.   *Erzähler*
- L'auteur parle à la 1ère personne.
  La perspective du récit est celle du narrateur.
- Le narrateur | raconte ce qu'il observe.   5
                  | raconte les événements d'une façon objective.
                  | raconte les pensées et les réflexions de …
  Le narrateur n'exprime pas de sentiments.
  La position du narrateur *est supérieure à* celle   *überlegen sein*
                            de ses personnages.   10
  Les points de vue du narrateur et celui des personnages
                            ne sont pas les mêmes.

1.9. Die Personenbeschreibung *(le portrait)*

- Le *personnage principal* de l'histoire est …   *Hauptperson*
  Les personnages principaux de ce récit sont …   15
  Un autre personnage central est …   *eine weitere Hauptperson*
  L'auteur | *trace* | le portrait de …   *das Porträt zeichnen*
           | *esquisse* | *entwerfen*

  … a un caractère | un peu *rude*.   *roh, grob, hart*
                  | *agressif*.   *aggressiv* 20
                  | *insupportable*.   *unerträglich*
  … a un mauvais caractère.
  Quant à son caractère, | il est *naïf* et *sentimental*.   *naiv; gefühlsbetont*
                         | elle est naïve et *sentimentale*.   *sentimental*
  … a beaucoup de *traits de caractère* positifs.   *Charakterzug* 25
- Le trait de caractère *dominant* de … est (son avarice).   *vorherrschend*
  Une autre *qualité* essentielle est …   *Eigenschaft*
  … se caractérise avant tout par (son *égoïsme*).   *Egoismus*
  … est décrit(e) d'une façon négative.

- … | a un *comportement* | agressif.   *Verhalten* 30
     | montre un comportement | *autoritaire* et *arrogant*.   *autoritär; arrogant*
  Le comportement de … | est agressif.
                         | n'est pas naturel.
  On pourrait caractériser son comportement comme *dur*   *hart*
                            et *cruel*.   *grausam* 35
- … *se comporte* d'une façon cruelle envers …   *sich verhalten*
  Son comportement *est dominé* | *par* (la peur).   *… wird beherrscht von*
                            | par une sorte de (*haine*).   *Hass*
  | Un *aspect* positif | de son comportement est …   *Aspekt*
  | Un aspect négatif |
                                                                       40

Par son comportement *brutal*, il veut exprimer   *brutal, roh*
sa *supériorité*.   *Überlegenheit*
• Son comportement est influencé par *le milieu social*   *das soziale Milieu*
d'où il vient.

• ... est *indifférent* (e).   *gleichgültig*   5
... se montre indifférent(e).
| ... est décrit(e) comme | indifférent(e).
| ... est caractérisé(e) comme |
... montre une certaine *indifférence*.   *Gleichgültigkeit*
Son indifférence se montre dans le fait que ...   10
... réagit | d'une façon indifférente.
| avec indifférence.

• ... est un peu *naïf* (naïve).
... semble être un peu naïf (naïve).
... | montre une grande *naïveté*.   *Naivität*   15
| *fait preuve d'une* grande naïveté.   *an den Tag legen*
... fait qc | par naïveté.
| par amour pour ...
... *est victime de* (sa naïveté)   *... ist das Opfer von*

• ... se montre *compréhensif(ve)* en disant que ...   *verständnisvoll*   20
| ... a un comportement compréhensif | à l'égard de ...
| ... a une attitude compréhensive | envers ...

• ... *est supérieur(e) à* ... par son intelligence.   *überlegen sein*
... se sent supérieur(e) à ...
... montre sa supériorité à ... en disant que ...   25
Il/Elle considère les autres comme *inférieurs à* lui/à elle.   *unterlegen*

... *éprouve de l'aversion* pour ...   *Abneigung empfinden*
• ... éprouve un grand amour pour ...
... éprouve une *méfiance* profonde à l'égard de ...   *Misstrauen*
... éprouve un sentiment de (solitude).   30
... éprouve le *besoin* de parler à ...   *Bedürfnis*
... *est possédé(e) par* l'amour pour (sa femme/son mari).   *... ist erfüllt von*
... parle de ses *souffrances morales*.   *seelisches Leiden*

• ... se montre très *sensible* (aux sentiments de ...).   *sensibel*
... ne montre pas de *sensibilité* (aux problèmes de ...)   *Sensibilität* 35
... *manque de* sensibilité.   *... fehlt es an ...*
Il faut noter *son manque de sensibilité*.   *die mangelnde Sensibilität*

15

- … ne montre pas │ de sentiments.
  │ d'émotion.   *Gemütsbewegung*
  … ne montre pas de *réaction émotionnelle*.   *Gefühlsregung*
  Il faut noter son manque de sentiments.

- … semble avoir très peu de contacts avec son *entourage*.   *Umgebung* 5
  … semble *se résigner* à l'idée que …   *resignieren*
  … semble choqué(e) │ à l'idée de …
  … semble être choqué(e) │

- … est incapable │ de comprendre *l'état d'âme de* …   *seelische Verfassung*
  │ de *communiquer avec* …   *sich austauschen mit* 10
- … vit d'une façon *superficielle*.   *oberflächlich*
  …*éveille sa méfiance*.   *sein/ihr Misstrauen wecken*

│Sa façon	│de parler	│ est *spontanée*.	*spontan*
│Sa façon	│d'agir	│ est *réfléchie*.	*überlegt*
│Sa manière	│de réagir	│	15
│les *motifs*	│de ses *actes*		*Motiv; Tat, Handlung*
│ les *mobiles*	│		*Beweggrund*

- (Sa réaction spontanée) n'a pas de *sens*.   *Sinn*
  (Sa réaction) donne un certain sens à l'action.
  … agit contre ses *principes moraux*.   *moralische Prinzipien* 20
  … se laisse *impressionner* par …   *beeindrucken*
- … est influencé(e) par son entourage.
  … suit trop l'opinion de son entourage.
  … *fait semblant de* (vouloir partir).   *so tun, als ob …*
  … se fait des *illusions* sur …   *Illusion* 25
  … doit *subir les conséquences* de ses actes.   *die Folgen tragen*
  … *traite* (son interlocuteur) │ gentiment   *behandeln*
  │ d'une façon *impolie*.   *unhöflich*

- … parle sur ton │ impoli
  │ *rude*   *grob* 30
  … a *confiance* en (son ami).   *Vertrauen*
  Il │ n'est pas │ *sûr de lui*. ⎫
  Elle │ │ *sûre d'elle*. ⎭   *selbstsicher*
  … manque d'*assurance*.   *Selbstvertrauen*
  Son manque de sûreté se montre dans le fait que …   35
  … est *confronté(e) à* (la mort).   *… ist konfrontiert mit*
  la *confrontation* avec (la mort)   *Konfrontation*

  … se trouve dans le rôle de *l'accusé(e)*.   *Angeklagte(r)*
  … est devenu(e) *coupable* parce que …   *schuldig*
  … se rend compte de sa *culpabilité*.   *Schuld* 40
- … essaie de *justifier* ses actes.   *rechtfertigen*

... a tendance à *surestimer* | ses *capacités*. — *überschätzen; Fähigkeit*
| son *influence*. — *Einfluss*
... essaie d'*atteindre son but*. — *sein Ziel erreichen*

... se trouve dans un *dilemme*. — *Dilemma*
... ne sait pas comment sortir de son dilemme. — 5

Quant à son *rang social*, ... — *soziale Stellung*
la *couche sociale* à laquelle (son ami) appartient — *Gesellschaftsschicht*
le *milieu social* auquel (son ami) appartient — *soziales Milieu*
... veut améliorer son rang social.
(Sa façon de parler) ne correspond pas à — 10
son *niveau intellectuel*. — *geistiges Niveau*

Quant à | son *physique*, ...
| son *aspect physique*, ... } — *das Äußere*

• ... joue un rôle | important.
| dominant. — 15
| secondaire. — *untergeordnet, nebensächlich*

2. DER AUTOR *(l'auteur)*

2.1. Die Meinung *(l'opinion)*

2.1.1. Eine Meinung / Auffassung vertreten

• L'auteur dit que ... — 20
• L'auteur | pense que ...
• | croit que ...
• | est d'avis que ... (+ *subj.*)
• | trouve que ...
donner | *son avis sur* ... — *seine Meinung äußern* 25
• | *son opinion sur* ... }
• *exprimer* son opinion personnelle sur ... — *äußern, ausdrücken*
| *D'après l'auteur,* ... } — *nach Meinung des Autors /*
| *Selon l'auteur,* ... } — *der Autorin*
| *A son avis,* ... — *seiner Meinung nach* 30
L'auteur *soutient l'opinion* que ... — *die Meinung vertreten*
L'auteur | ne veut pas *changer d'avis*. — *seine Meinung ändern*
| refuse de changer d'avis.

2.1.2. Einen Standpunkt darlegen

• *exposer* son *point de vue* │ sur …	*darlegen; Standpunkt*
• │ à l'égard de …	*hinsichtlich*
• │ envers (son adversaire)	
• *présenter* le point de vue de (son adversaire)	*darstellen, darlegen* 5
préciser son point de vue	
illustrer son point de vue par des exemples	*veranschaulichen*
justifier son point de vue par …	*begründen*
Il/Elle justifie son point de vue │ par (un exemple).	
│ par (deux arguments).	10
défendre son point de vue	*verteidigen*
Il/Elle défend son point de vue (en soulignant que …)	
soutenir un point de vue │(inacceptable)	*einen Standpunkt vertreten*
│*(contestable)*	*anfechtbar*

2.1.3. Eine bestimmte Einstellung haben, sich äußern   15

• exposer sa *position* │sur …	*Einstellung*
• │ à l'égard de …	
exposer *des positions divergentes*	*abweichende Positionen*
soutenir une position │(inacceptable)	
│(contestable)	20
exprimer ses idées personnelles sur …	*sich äußern zu*
s'exprimer sur …	*sich äußern zu, Stellung nehmen zu*
• exposer son *attitude* │ à l'égard de …	*Haltung, Einstellung*
• │ envers …	
│*adopter* │ *une attitude critique*	*eine kritische Haltung einnehmen* 25
│prendre │ à l'égard de …	
Ce passage montre l'attitude critique de l'auteur envers …	

2.1.4. Eine bestimmte Vorstellung haben

• exposer sa *conception* de qc	*Vorstellung, Auffassung*
Il/Elle expose sa conception de (la liberté).	30
avoir une conception *naïve* de qc	*naiv*
La conception que l'auteur a de (la paix) │ est (peu *réaliste*).	*realistisch*
│ est (*irréelle*)	*unrealistisch*

2.1.5. Urteilen, beurteilen

• donner son *jugement* sur …	*Urteil* 35
Le jugement │*est basé sur* des faits réels.	*… basiert auf*
│n'est pas *fondé*.	*begründet*
• L'auteur │n'est pas *objectif* dans ses jugements.	*objektiv*
│ est *impartial*	*unparteiisch*
│ reste *neutre*	*neutral* 40

juger qn	d'après son attitude à l'égard de …	
	d'après ce qu'il a fait …	
juger qn	objectivement	
	d'une façon objective	
• avoir des *préjugés*	à l'égard de …	*Vorurteil* 5
•	envers …	
avoir des préjugés *racistes* envers …		*rassistisch*

2.1.6. Überzeugt sein

• L'auteur	est *convaincu* que …	*überzeugt*
	est convaincu de la *culpabilité* de …	*Schuld* 10
	est *sûr* que … ⎫	
	est *certain* que … ⎭	*sicher*
	exprime sa *conviction* que …	*Überzeugung*

2.2. Die positive Meinung *(l'opinion positive)*

2.2.1. Eine positive Meinung haben, billigen   15

• avoir	une bonne opinion de …	
•	une opinion positive de …	
• *porter un jugement positif* sur …		*positiv beurteilen*
approuver qc		*billigen*
• *être d'accord sur* qc		*mit etwas einverstanden sein* 20
• *accepter* qc		*akzeptieren*
• *proposer* à qn de f. qc		*vorschlagen*
• *faire quelques propositions*		*Vorschlag machen*
• *conseiller* à qn de f. qc		*raten*
• *donner des conseils* à qn		*Rat geben* 25
recommander qc à qn		*empfehlen*
louer qc		*etwas loben*
faire l'éloge de qn		*jdn loben*
reconnaître qc		*anerkennen*
s'identifier à/avec qn		*sich identifizieren mit* 30
sympathiser avec qn		*sympathisieren mit*
se solidariser avec qn		*sich solidarisieren mit*
être solidaire de qn		*solidarisch sein mit*
exprimer	sa *sympathie* pour …	*Sympathie*
montrer	son *respect* à l'égard de …	*Respekt* 35
	sa *satisfaction* à l'égard de …	*Zufriedenheit*
	sa *compréhension* pour …	*Verständnis*

2.2.2. Sich einsetzen für

- être pour qc
  - *se prononcer pour* qc — *sich aussprechen für*
  - *prendre parti pour* qc/qn — *Partei ergreifen für*
  - *s'exprimer en faveur de* qn/qc — *sich äußern zugunsten*
  - *prendre le parti de* qn — *jds Partei ergreifen*
  - *se mettre du côté de* qn — *sich auf jds Seite stellen*
  - *lutter pour* qc — *kämpfen für*
  - *s'engager pour* qc — *sich engagieren für*
  - *L'engagement* social de l'auteur se montre — *Engagement*
    dans le fait que ... — *in der Tatsache, dass ...*
  - *défendre* qn contre ... — *verteidigen*

2.3. Die negative Meinung *(l'opinion négative)*

2.3.1. Eine negative Meinung haben, missbilligen

- avoir | une mauvaise opinion de ...
- | une opinion négative de ...
  - *porter un jugement négatif sur* — *negativ beurteilen*
  - L'auteur | *désapprouve* ... — *missbilligen*
- | n'est pas d'accord sur (les idées de ...).
- | n'accepte pas ...
  - | *refuse* ... — *ablehnen*
  - | *rejette* ... — *zurückweisen*
  - L'auteur | ne *partage* pas | *l'avis de* ... — *jds Meinung teilen*
    | | l'opinion selon laquelle ...
    | exprime | son *aversion* pour ... — *Aversion, Antipathie*
    | montre |

2.3.2. Kritisieren, in Frage stellen

- *critiquer* qn/qc — *kritisieren*
  - *formuler sa critique* à l'égard de ... — *seine Kritik äußern*
  - adresser une critique *violente* à qn — *heftig*
  - *remettre qc en question* — *in Frage stellen*
    Il remet (les valeurs traditionnelles) en question.
  - *contester* qc — *in Frage stellen, bestreiten*
    Il conteste (la *nécessité* de ces mesures). — *Notwendigkeit*

2.3.3. Vorwerfen, anklagen

- *reprocher* à qn | de (ne pas faire qc) — *vorwerfen*
  | d'(avoir fait qc)
  | de (ne pas avoir fait qc)
- faire des *reproches* à qn — *Vorwurf*

faire des reproches *injustifiés* à qn   *ungerechtfertigt*
- *accuser* qn de (ne pas avoir fait qc)   *beschuldigen*
- accuser qn d'(une certaine arrogance).
condamner qc/qn   *verurteilen*
   Il condamne (la *passivité* des spectateurs).   *Passivität* 5

2.3.4. Sich aussprechen gegen

- être contre …
se prononcer contre …   *sich aussprechen gegen*
prendre parti contre …   *Partei ergreifen gegen*
s'exprimer contre …   *sich äußern gegen* 10
s'opposer à …   *sich widersetzen*
exprimer son *opposition*   *Widerstand*
protester contre …   *protestieren*
les *protestations* contre …   *Protest*
lutter contre …   15
la *lutte* contre …   *Kampf*

2.3.5. Vorbehalte haben, sich distanzieren

se montrer *réservé* à l'égard de …   *reserviert*
avoir une attitude réservée à l'égard de …
exprimer ses réserves   *Bedenken äußern* 20
montrer une grande *réserve* à l'égard de …   *Zurückhaltung*
L'auteur | *se distance de* …   *sich distanzieren von*
        | ne s'identifie pas à …

2.4. Weitere Ausdrücke (*d'autres expressions*)

2.4.1. Erklären, angeben, mitteilen, behaupten   25

- *expliquer* qc   *erklären*
- expliquer que …
- donner une *explication* de qc   *Erklärung*
- *déclarer* que …   *erklären*
- les *déclarations* de qn   *Erklärung, Aussage* 30

- *indiquer* qc   *angeben, nennen*
- indiquer que …
- Les *indications* de qn | ne sont pas *exactes*.   *richtig*
                | sont *inexactes*.   *unrichtig, falsch*
                | ne sont pas *précises*.   *genau* 35
                | sont *imprécises*.   *ungenau, vage*
- *exprimer* qc   *ausdrücken*
- exprimer que …

signaler que …	*darauf hinweisen*
signaler au lecteur que …	*darauf aufmerksam machen*
faire savoir que …	*mitteilen*
faire comprendre à qn que …	*begreiflich machen*
remarquer qc	*bemerken* 5
• remarquer que …	
faire quelques *remarques* sur …	*Bemerkung*
constater qc	*feststellen*
• constater que …	
Cette *constatation* n'est pas justifiée.	*Feststellung* 10
observer qc	*beobachten*
Les *observations* de … (sont très *subjectives*).	*Beobachtung; subjektiv*
avouer que …	*zugeben*
affirmer que …	*behaupten, dass* …
prétendre faire qc	*behaupten, etwas zu tun* 15
Il prétend (savoir pourquoi les jeunes	
prennent de la drogue).	
L'auteur *admet* que … (+ *subj.*)	*einräumen, zugeben*

2.4.2. Schildern, darstellen, beschreiben, charakterisieren

• *exposer* qc	*schildern* 20
Il expose (les raisons qui l'ont amené à écrire cet article).	
évoquer qc	*darstellen, erinnern an*
Il évoque (les événements politiques de 1992).	
dépeindre qc	*schildern, beschreiben*
Il dépeint (la situation de la société française).	25
faire une *peinture* de qc	*Schilderung*
Il fait une peinture de (la sociéte française du XIX siècle).	
• *décrire* qc	*beschreiben*
Il décrit (les *caractéristiques* de la vie moderne).	*Kennzeichen, Merkmal*
• donner une *description* détaillée de qc	*Beschreibung* 30
• *présenter* qc	*darstellen, darlegen*
Il présente (la vie des paysans).	
donner une *image* de qc	*Darstellung, Schilderung*
• *caractériser* qn/qc	*charakterisieren*
Il caractérise (cet homme comme une personne *faible*	*schwach* 35
et sans courage).	
• indiquer les *traits caractéristiques* de qn	*besondere Eigenschaft*
Le texte *se caractérise par* qc	*sich auszeichnen durch*
Le texte se caractérise │ par (la *brièveté* des phrases).	*Kürze*
│ par (la *longueur* des phrases).	*Länge* 40

2.4.3. Berichten, erzählen, erwähnen; verschweigen

- *dire que ...*   *berichten, dass ...*
- *parler de* qc   *sprechen von, erzählen von*
- *raconter* qc   *erzählen von*
  Il raconte (ses expériences personnelles en Amérique).   5
- *raconter que ...*   *berichten, dass ...*
  faire le récit de qc   *von etwas berichten*

- *mentionner* qc   *erwähnen*
- *ajouter que ...*   *hinzufügen, dass ...*
  Il *fait allusion à ...*   *anspielen auf* 10

- Il ne parle pas de ...
- Il ne dit rien de ...
  Il ne dit *rien de précis* sur ...   *nichts Genaues*
  Il ne *commente* pas ...   *kommentieren*
  passer qc *sous silence*   *verschweigen* 15
  Il *passe sous silence le fait que ...*   *verschweigen, dass ...*

2.4.4. Informieren; Beispiele / Einzelheiten nennen

- *informer qn de/sur* qc   *informieren über*
  Il informe le lecteur | de (la nécessité de s'engager).
                        | sur (le danger de la drogue),   20
- *donner des informations sur ...*   *informieren über*
  renseigner qn sur qc   *jdn unterrichten über*
  donner des renseignements sur qc   *Auskunft erteilen über*
  Les *informations sont basées sur* des faits réels.   *Information; beruhen auf*
  On ne peut pas *vérifier* ces informations.   *nachprüfen, überprüfen* 25
  La *vérification* de ces informations est très difficile. *Nachprüfung, Überprüfung*
- L'auteur donne un *exemple* pour illustrer son point de vue.   *Beispiel*
  Il donne *une série d'exemples* pour démontrer que ...   *eine Reihe Beispiele*
  Pour démontrer qc, il *cite plusieurs exemples*.   *mehrere Beispiele anführen*
  Il *cite en exemple ...*   *als Beispiel nennen* 30
  Il cite en exemple (l'attitude du gouvernement
            à l'égard du terrorisme international).
- Par cet exemple, | il veut démontrer que ...
                   | il veut illustrer ...
- L'auteur indique quelques détails qui *concernent ...*   *betreffen* 35
  Il présente des détails qui *se rapportent à ...*   *sich beziehen auf*
  Par ces détails, il veut caractériser ...
  Il raconte *en détail* ce qui s'est passé.   *im Einzelnen*

2.4.5. Betonen, auf die Bedeutung hinweisen; appellieren

- *souligner* qc   *betonen, hervorheben*
  Il souligne (l'importance de ces *mesures*).   *Maßnahme*
- *souligner que* …
  mettre qc *en relief*   *betonen, hervorheben* 5
  mettre l'accent sur qc   *betonen*
  insister sur qc   *bestehen auf*

- *attacher une grande importance à* qc   *eine große Bedeutung beimessen*
  Il n'attache pas d'importance à qc.
  Il attache plus d'importance à (la liberté)   10
       qu' (au bonheur individuel).
  attirer l'attention de qn *sur* qc   *die Aufmerksamkeit lenken auf*
  Il attire l'attention (du lecteur)
       sur le fait que …
- *faire appel à* qn/à qc   *appellieren an* 15
  Il fait appel (au lecteur).
  Il fait appel (aux sentiments du lecteur).
  Il fait appel (au *bon sens* de qn).   *gesunder Menschenverstand*
  Le dernier paragraphe *constitue* un appel au lecteur.   *bilden, darstellen*
  lancer un appel à qn   *einen Appell richten an* 20
  Il lance un appel (au lecteur).
- *s'adresser à* qc   *sich wenden an*
  Il s'adresse surtout aux sentiments du lecteur.
  Il s'adresse plutôt aux sentiments du lecteur
       qu'à sa *raison*.   *Verstand, Vernunft* 25

2.4.6. Zum Ausdruck bringen, zeigen, beweisen

- *exprimer* qc   *zum Ausdruck bringen*
  Il exprime (sa *sympathie* pour les étrangers).   *Sympathie*
  Cette phrase exprime bien (la douleur de …).
  traduire qc   *zum Ausdruck bringen* 30
  Ce mot/Cette phrase traduit bien (la colère
       de l'auteur à l'égard de …).
  révéler qc   *enthüllen*
  Cette phrase révèle le vrai caractère de …

- *montrer* qc   *zeigen* 35
  Il montre (son aversion pour …).
- *montrer que* …
  Il veut monter que …
  démontrer que …   *zeigen*
  Il veut démontrer que …   40
  faire preuve de qc   *unter Beweis stellen*

Il fait preuve d' (une grande *sensibilité* pour …) *Sensibilität*

- *prouver* qc *beweisen*

  Il veut prouver la *justesse* de sa position. *Richtigkeit*

  donner des preuves de qc *Beweise liefern für*

  Comme preuve de …, il cite quelques exemples. 5

2.4.7. Gedanken äußern

- exposer ses *idées* sur qc *die Gedanken*
- exprimer ses idées personnelles sur …

  exposer les conséquences *qui résultent de* cette idée. *… die sich ergeben aus*

  exposer les *avantages* et les *inconvénients* *Vorteil; Nachteil* 10
  que présente cette idée.

  exprimer des idées banales

  Cette idée est illustrée par *une série d'exemples*. *eine Reihe von Beispielen*

- les *idées* | *principales* *die Hauptgedanken*
  | *essentielles* } 15

- l' idée | principale | de ce paragraphe est que …
  | essentielle |

  développer une idée *entwickeln*

  Il développe l'idée de (la liberté).

  reprendre une idée *wiederaufnehmen* 20

  Il reprend une idée

  qu'il a développée | *plus haut*. *weiter oben*
  | dans le 1er paragraphe.

- Ce mot exprime l'idée de (tristesse).

  L'idée de (solitude) est exprimée dans la 2e partie. 25

- Ces mots se rapportent à l'idée de (solitude).

  exprimer | des idées *stéréotypées* *Klischees äußern*
  | des *clichés* *Klischee*

- exposer ses *pensées* sur … *die Gedanken*
- penser à qc 30
- *réfléchir à/sur* qc *nachdenken über*
- faire ses *réflexions* sur … *Überlegung*

  Le *point de départ* des réflexions de qn est … *Ausgangspunkt*

2.4.8. Eindrücke äußern, Gefühle äußern

- exprimer ses *impressions* personnelles *die Eindrücke* 35

  qc a *fait une vive impression sur* qn *einen lebhaften Eindruck machen auf*

  Cette phrase *provoque* une impression de (tristesse). *hervorrufen*

- exprimer ses *sentiments* *Gefühl*

  Il exprime *un sentiment de solitude*. *ein Gefühl der Einsamkeit*

Il exprime le *désir* | que … (+ *subj.*)   *Wunsch*
                      | de (+ *inf.*)
• *éprouver un sentiment de (joie)*   *ein Gefühl der Freude empfinden*

2.4.9. Untersuchen, unterscheiden

• *analyser* qc   *untersuchen* 5
  Il analyse (la situation actuelle de la France).
  étudier qc   *untersuchen*
  Il étudie (les différents aspects de qc).
  faire *une analyse minutieuse* de qc   *eine genaue Untersuchung*
• *examiner* qc   *untersuchen* 10
  Il examine les deux aspects du problème:
                          le pour et le contre.
  distinguer entre … *et* …   *unterscheiden zwischen*
  Il distingue entre *les paroles et les actions* de qn.   *Reden und Handeln*
  faire une *distinction* entre … et …   *Unterscheidung*

2.4.10. Vergleichen, gegenüberstellen   15

• *comparer* … *à/avec* …   *vergleichen mit*
  Il compare la vie des Français | à la vie | des étrangers.
                                 | avec la vie |
• | *faire* | *une comparaison* entre … et … }
  | *établir* | }   *einen Vergleich ziehen* 20
• *établir un rapport* entre … et …   *eine Beziehung herstellen*
  mettre qc *en rapport*   *in Beziehung setzen*
• *opposer* qc   *gegenüberstellen*
  Il oppose (deux attitudes envers les étrangers).
  Il oppose (le rêve à la réalité).   25
  mettre qc *en opposition*   *gegenüberstellen*

2.4.11. Kommentieren, interpretieren

  commenter qc   *kommentieren*
  Il commente (les résultats du sondage).
• donner son *commentaire* sur qc   *Kommentar* 30
  Il donne son *commentaire* (sur les mesures prises
                          par le gouvernement).
  interpréter qc   *interpretieren, deuten, erläutern*
  Il interprète (les raisons de son comportement).
  donner une *interprétation* personnelle de qc   *Deutung, Erklärung* 35

2.4.12. Argumente/Einwände vorbringen; folgern

• L'auteur | *soutient la thèse* que …   *die These vertreten*
• | *affirme* que …   *behaupten*

Il illustre sa thèse par plusieurs exemples.

Pour *appuyer* | *sa thèse,* | il cite deux exemples.   *seine These stützen*
      | son *affirmation,* | *Behauptung*

Il appuie sa thèse par deux *arguments.*   *Argument*

- Pour appuyer sa thèse, | il *présente* | deux *arguments.*   *Argumente vorbringen* 5
           | il *avance* |

Pour prouver la *justesse* de son affirmation,   *Richtigkeit*
      il présente deux arguments.

Pour *justifier* son opinion, il avance deux arguments.   *begründen*

atténuer son affirmation   *seine Behauptung einschränken* 10

    Il atténue son affirmation en disant que …

| *présenter* | des arguments | pour qc
| *avancer* | | contre qc
réfuter | la thèse   *widerlegen*
    | un argument   15

Les arguments de qn | sont *fondés.*   *begründet*
-                 | sont *convaincants.*   *überzeugend*
                     | sont *logiques.*   *logisch*

Les arguments de qn | sont assez *faibles.*   *schwach*
                     | sont *discutables.*   *anfechtbar* 20
                     | sont *illogiques.*   *unlogisch*
                     | ne sont pas convaincants.
-                 | ne sont pas très *plausibles.*   *plausibel*

- |*L'argumentation* | de l'auteur | n'est pas convaincante.   *Argumentation*
  | Le *raisonnement* | | n'est pas convaincant.   25

qn n'est pas *convaincu* par les arguments de qn   *überzeugt*

L'auteur *argumente* | d'une façon partiale.   *parteiisch argumentieren*
                | d'une façon impartiale.   *unparteiisch argumentieren*

- *formuler une hypothèse*   *eine Annahme äußern*
Cela *confirme* l'hypothèse de l'auteur.   *bestätigen* 30
On ne peut pas *vérifier* cette hypothèse.   *nachprüfen, überprüfen*

- L'auteur | fait des *objections* | à …   *Einwand*
        | *soulève des objections* | *Einwände erheben*
L'auteur réfute les objections de ses *adversaires.*   *Gegner*
- L'auteur | *tire la conclusion* que …   *die Schlussfolgerung ziehen* 35
        | *en conclut que* …   *… folgert daraus, dass …*

2.4.13. Gründe / Folgen nennen

- indiquer les *raisons* de qc   *Grund*
énumérer les raisons qui expliquent qc   *aufzählen* 40
Les raisons *sont* | d'ordre social.   *… sind sozialer Natur*
              | d'ordre économique.

- *La raison en est que …*   *der Grund dafür ist, dass …*

- exposer les *conséquences* qui résultent de qc   *Folge*
  penser aux conséquences qui résultent de …
  Les conséquences qui résultent de cette attitude sont …
  Cela a pour conséquence (une augmentation   *dies hat zur Folge …* 5
               de la violence).
- *La conséquence en est* (une augmentation   *die Folge davon ist …*
               de la violence).
  qc *entraîne de graves conséquences*   *schlimme Folgen nach sich ziehen*

2.4.14. Sich etwas vorstellen   10

- *imaginer qc*   *sich etwas vorstellen*
  Il imagine (un monde sans guerre).
  se représenter qc   *sich etwas vorstellen*
  Il se représente (l'avenir comme très *incertain*).   *ungewiß*
- *avoir une idée précise de* qc   *eine genaue Vorstellung haben von* 15
  Il a une idée précise (des problèmes à résoudre).
- *se faire une idée fausse de* qc   *sich eine falsche Vorstellung machen*
  Il se fait une idée fausse (des réalités économiques).
  avoir une vue |*optimiste* | *de* qc   *eine optimistische Sicht haben*
             |*pessimiste* | *pessimistisch* 20
  Il a une vue |optimiste | *de* (l'*avenir*).   *Zukunft*
             | pessimiste |

2.4.15. Sich bewusst sein; berücksichtigen

- *se rendre compte que …*   *sich bewusst sein, dass …*
  se rendre compte de qc   *sich einer Sache bewusst sein* 25
  Il ne se rend pas compte de (la *gravité*   *die Schwere*
               de ce problème).

  être conscient de qc   *sich einer Sache bewusst sein*
  Il est conscient (*des problèmes que soulève*   *Probleme bereiten*
               la drogue).   30
  Il n'est pas conscient (des conséquences qui
               résultent de ce problème).

  prendre en considération que …   *berücksichtigen, dass …*
  Il faut prendre en considération
          qu' (il n'y a pas de solution à tous les problèmes).   35
  L'auteur ne prend pas en considération
          qu' (il y a aussi des arguments contre cette thèse).
  tenir compte du fait que …   *berücksichtigen, dass …*
  L'auteur ne tient pas compte du fait que …

2.4.16. Die Darstellungsweise des Autors werten

- *exagérer*   *übertreiben*
  L'auteur exagère en disant que ...
  une *exagération*   *Übertreibung*
  Ce passage *contient* une exagération.   *enthalten* 5
  généraliser   *verallgemeinern*
  L'auteur généralise trop en disant que ...
  la *généralisation*   *Verallgemeinerung*
  On ne peut pas justifier cette généralisation.
  simplifier   *vereinfachen* 10
  L'auteur simplifie trop ce problème.
  la *simplification*   *Vereinfachung*
  La simplification de ce problème ne constitue pas une solution.
  sous-estimer   *unterschätzen*
  L'auteur sous-estime (le danger de la drogue).   15
  surestimer   *überschätzen*
  L'auteur surestime (les possibilités de la police).
  idéaliser   *idealisieren*
  L'auteur idéalise (la réalité).

2.5. Die Absicht des Autors *(l'intention de l'auteur)*   20

- | L'*intention* | de l'auteur | est de ...   *Absicht*
  | Le *but* | du texte | *Ziel*
  | L'*objectif* | | *Ziel*
- L'auteur | a l'intention de ...
  | *poursuit le but* de ... ⎫
  | *poursuit l'objectif* de ... ⎬   *das Ziel verfolgen* 25
  Le texte a | pour but | de ...
  | pour objectif |

- L'auteur veut *influencer* le lecteur.   *beeinflussen*
- Il veut | *exercer une influence* sur le lecteur.   *einen Einfluss ausüben* 30
-     *inviter* le lecteur à (se faire une opinion de ...).   *auffordern, veranlassen*
      amener le lecteur à (adopter son opinion).   *veranlassen*
      inciter le lecteur à (s'engager).   *antreiben*
      encourager le lecteur à (agir).   *ermutigen*
-     attirer l'attention du lecteur sur ...   35
      sensibiliser le lecteur (aux problèmes des immigrés).   *sensibilisieren*
      diriger les réflexions du lecteur *sur* le fait que ...   *lenken/richten auf*
-     *faire appel* au lecteur pour qu'il   *appellieren*
      (ne *perde* pas *de vue* ...)   *aus den Augen verlieren*
      faire connaître (ses réflexions sur ...).   *mitteilen* 40
      faire comprendre (au lecteur la nécessité de ...).   *begreiflich machen*

Il veut	ouvrir les yeux du lecteur sur …		
	mettre le lecteur *en garde contre* …	*warnen vor*	
	avertir le lecteur *d'* (une augmentation)	*warnen vor*	
	de la criminalité).		

Il veut | ouvrir les yeux du lecteur sur …
| *mettre* le lecteur *en garde contre* … — *warnen vor*
| *avertir* le lecteur *d'* (une augmentation) — *warnen vor*
| de la criminalité).
- *convaincre* le lecteur de la justesse de sa position. — *überzeugen* 5
  persuader le lecteur *d'* (acheter le produit). — *überreden, überzeugen*
  manipuler le lecteur. — *manipulieren*
- *justifier* (les initiatives du gouvernement). — *rechtfertigen*
- *défendre* (les immigrés contre …) — *verteidigen*
  provoquer une émotion chez le lecteur. — *hervorrufen* 10
  produire chez le lecteur *un effet de choc.* — *eine Schockwirkung auslösen*
  éveiller | *l'intérêt* du lecteur. — *das Interesse wecken*
  | la *curiosité* du lecteur. — *Neugierde*
  | la *sympathie* du lecteur pour … — *Sympathie*

L'auteur rend le lecteur curieux en lui *annonçant* … — *ankündigen* 15
L'auteur exprime ses intentions (dans le dernier paragraphe).
Les intentions de l'auteur sont difficiles à *dégager*. — *herausarbeiten*
L'intention *critique* de l'auteur se montre (dans la phrase …). — *kritisch*
L'intention | polémique | de l'auteur *se révèle par* — *sich zeigen in*
| satirique | (l'*emploi* de …). — *Gebrauch, Verwendung* 20

3. DIE TEXTSORTEN: (*les genres de texte*)
DER LITERARISCHE TEXT (*le texte littéraire*)

3.1. Der erzählende Text (*le texte narratif*)

3.1.1. Allgemeines

- le roman   25
  le roman *autobiographique* — *autobiographisch*
- le *roman policier* — *Kriminalroman*
- le roman de science-fiction
- la *nouvelle* — *Novelle*
  le *conte* — *Erzählung, Geschichte* 30
- le *récit* — *Bericht, Erzählung, Geschichte*
- le récit policier
  une *anecdote* — *Anekdote*
- le texte *narratif* — *erzählend*
  le *romancier* — *Romanschriftsteller* 35
- un *écrivain* — *Schriftsteller*
- le narrateur
  le *monologue intérieur* — *innerer Monolog*

3.1.2. Der Kriminalroman

- *commettre* | *un crime*   *ein Verbrechen begehen*
           | un *meurtre*   *Mord*
- le *criminel*   *Verbrecher*
- un *assassin*   *Mörder* 5
- Le commissaire *mène une enquête*   *eine Untersuchung durchführen*
                     pour trouver le criminel.
- Il cherche le *coupable* du crime.   *Schuldige*
- Il mène l'*interrogatoire*.   *Verhör*
- Il *interroge* | les *suspects*.   *verhören; Verdächtige* 10
           | les personnes *concernées* par le crime.   *betroffen*
- Il *vérifie* les déclarations des suspects.   *überprüfen*
L'une des personnes interrogées doit avoir *menti*.   *lügen*
- Il formule une *hypothèse*.   *Hypothese, Annahme*
- Il cherche des *indices*.   *Indiz* 15
- Il *soupçonne* qn | d'avoir commis le crime.   *verdächtigen*
                | d'avoir un rapport avec le meurtre.
Il soupçonne un personnage *innocent*.   *unschuldig*
Ce qui le/la rend suspect(e), c'est …
- Il n'y a pas de *témoin*.   *Zeuge* 20
- … a un motif *clair*.   *klar, einleuchtend*
Il n'y a pas de motif *apparent*.   *sichtbar, greifbar*
Le commissaire examine la *victime*.   *Opfer*
- la *personnalité* du criminel   *Persönlichkeit*
L'histoire est racontée dans la perspective (de la voisine).   25
L'auteur éveille la *curiosité* du lecteur.   *Neugierde*

3.1.3. Der Sciencefictionroman

- L'homme veut entrer en contact avec une autre planète.
Sa mission est d'*explorer* une autre planète   *erforschen*
           à la recherche d'une vie *extra-terrestre*.   *außerirdisch* 30
Il ne découvre pas de *vie humaine*.   *menschliches Leben*
Il se voit confronté aux problèmes de la vie
                      sur une autre planète.
L'homme construit des machines d'une *puissance*   *Kraft, Stärke*
                      extraordinaire.   35
Il est *impuissant* devant sa «créature».   *machtlos, ohnmächtig*
Les robots sont *incapables* de s'*adapter*.   *unfähig; sich anpassen*
Cela *entraîne* un grand danger pour l'homme   *mit sich bringen*
- Les *ordinateurs* sont supérieurs à l'homme.   *Computer*
- Ils sont *capables* de le contrôler.   *fähig* 40
La machine détruit l'homme
                     et les *rapports humains*.   *die zwischenmenschlichen Beziehungen*

L'auteur | *anticipe sur* l'avenir.   *vorgreifen auf*
    | arrête le temps.
    | revient *en arrière* dans le passé.   *rückwärts*
- les éléments *fantastiques*   *phantastisch*
- une *utopie*   *Utopie* 5
   un univers *utopique*   *utopisch*
- L'action se déroule dans un univers situé dans l'avenir.

3.1.4. Der Comic

- la *bande dessinée*   *Comic*
- La B.D. traite d'une manière humoristique le thème de … 10
   La B.D. présente une vue *simplifiée* de la réalité.   *vereinfacht*
   La B.D. présente une caricature plutôt qu'une
                image fidèle de la réalité.
   La B.D. contient plusieurs éléments humoristiques.
   la *bulle*   *Sprechblase* 15
   La grosseur des caractères indique l'intensité   *die Stärke der Buchstaben*
                de la voix.
   L'auteur emploie souvent des *onomatopées*.   *Lautmalerei*
- L'image illustre l'*état d'âme* des personnages.   *seelische Verfassung*

3.2. Das Theaterstück *(la pièce de théâtre)* 20

3.2.1. Das Drama, die Tragödie

3.2.1.1. Der Aufbau

- la *pièce de théâtre*   *Theaterstück*
   la *tragédie*   *Tragödie*
- le *drame*   *Drama* 25
- L'action | se passe | (à Marseille).
         | se déroule | (dans un hôtel).
- Le lieu de l'action est (un hôtel).
   Le *point de départ* de l'action est …   *Ausgangspunkt*
- La 1ère scène | indique le *cadre* de l'action.   *Rahmen* 30
           | nous *introduit* tout de suite dans l'action.   *einführen*
   On peut distinguer l'*action principale* et plusieurs   *Haupthandlung*
                actions secondaires.   *Nebenhandlung*
   On peut distinguer différentes étapes de *l'intrigue*. *Verwicklung (Theater)*
- La 1er scène du 1er acte présente l'*exposition*.   *Exposition* 35
- L'exposition | nous donne des informations sur …
            | nous informe sur …
            | contient une introduction à l'action.
-            | indique le lieu, le temps et les *circonstances* de l'action   *Umstand*

L'auteur *respecte* la règle des trois *unités*: *beachten; Einheit*
   l'unité de lieu, de temps et d'action.
La pièce n'obéit pas à la règle des trois unités.
Dans la 2e scène du 1er acte, l'intrigue *se noue*. *sich anbahnen*
La 2e scène du 1er acte présente le *nœud* de l'intrigue. *Knoten (Theater)* 5
La 1ère scène du 3e acte présente le *point culminant* *Höhepunkt*
                de l'intrigue.
• Le point culminant de l'action se trouve au 3e acte.
La 4e scène du 5e acte présente une *péripétie*. *plötzlicher Umschwung*
La scène finale présente | le *dénouement* de l'intrigue. *Lösung (Theater)* 10
                | la *catastrophe*. *Katastrophe*
Dans la scène finale, l'intrigue *se dénoue*. *sich auflösen*
Le dénouement a un caractère | heureux.
                     | *tragique*. *tragisch*
• La fin de la pièce est | heureuse. 15
• | tragique.

3.2.1.2. Die Handlung

• L'action | est *invraisemblable*. *unwahrscheinlich*
        | manque de *vraisemblance*. *Wahrscheinlichkeit*
        | ne *correspond* pas *à* la réalité. *entsprechen* 20

• Cette scène | est une des scènes centrales de la pièce.
• | est importante pour le *déroulement* de l'action. *Verlauf*
Cette scène | *fait avancer* l'action. *voranbringen*
          | constitue un *retour en arrière*. *Rückblende*
          | arrête | le déroulement de l'action. 25
          | *interrompt* | *unterbrechen*
          | *retarde* | le dénouement tragique. *aufhalten, hinausschieben*
                    | la catastrophe.
• Cette scène contient aussi quelques passages *narratifs*. *erzählend*

3.2.1.3. Die Person 30

Dans cette scène, l'auteur *met* les personnages principaux *auftreten lassen*
                        en scène.
• | Le *personnage principal* | *entre en scène*. *Hauptperson; auftreten*
   | Le *protagoniste* | apparaît. *Hauptdarsteller*
   | Le *héros* | quitte la scène. *Held* 35
                 | disparaît.
   | L'*entrée en scène* | du personnage principal … *Auftreten*
   | L'*apparition* | du protagoniste … *Erscheinen*
   | La *sortie* | *Weggang*
   | La disparition | du héros … 40

- Cette scène contient des passages *descriptifs*.   *beschreibend*
- Dans cette scène, l'auteur fait le *portrait* du protagoniste.   *Porträt*
  Ce personnage est au centre de l'action.

L'auteur	décrit	le *physique*	du protagoniste.	*äußere Erscheinung*
	dépeint	les *gestes*		*Geste* 5
	caractérise	les *motifs*		*Motiv*
		l'*état d'âme*		*Seelenzustand*
		les *sentiments*		*Gefühl*
		le *milieu*		*Milieu*

Il donne une description détaillée | du physique | du héros.   10
               | de l'état d'âme |

L'auteur dépeint les personnages
                 avec une grande *vraisemblance*.   *Glaubwürdigkeit*

Le portrait donne une impression réaliste.
Le portrait ne *correspond* pas *à* la réalité.   *entsprechen* 15
Le portrait manque de vraisemblance.

Les personnages	sont dépeints d'après la réalité.	
	sont dépeints d'une façon détaillée.	
	sont *schématisés*.	*schematisch dargestellt*
	sont *stylisés*.	*typenhaft/klischeehaft gezeichnet* 20

Les *traits* des personnages sont *flous*.   *Charakterzug; verschwommen*
Ces personnages n'ont pas de rapport *étroit* avec l'action.   *eng*

Le personnage principal	*représente* l'auteur.	*darstellen*
	est le *porte-parole* de l'auteur.	*Sprachrohr*

3.2.1.4. Der Konflikt   25

- Cette scène montre le *conflit* entre (l'amour)   *Konflikt*
                et (le *devoir*).   *Pflicht*

- Le protagoniste | se trouve dans un conflit psychologique.
                | est en conflit avec (ses propres sentiments).
  Le conflit résulte de …   30

3.2.1.5. Der Dialog

- Cette scène présente un dialogue entre … et …
- Le dialogue *porte sur* …   *… dreht sich um …*
- Le thème du dialogue est …

Le héros	n'écoute pas ce que dit	son *interlocuteur*.	*Gesprächspartner* 35
L'*héroïne*		son *interlocutrice*.	*Heldin;*
			Gesprächspartnerin

Il	ne réagit pas	à la *réplique*	de son interlocuteur.	*Antwort, Gegenrede*
Elle		aux répliques	de son interlocutrice.	

Il y a un *malentendu* entre … et …   *Missverständnis* 40

Le ton de la réplique est | *rude.* — *rauh, grob, hart*
| *ironique.* — *ironisch*
| *sarcastique.* — *sarkastisch*
C'est le ton ironique qui *domine* dans le dialogue. — *vorherrschen*

- Cette scène | présente | un *monologue* du protagoniste. — *Monolog* 5
| contient |
- Ce monologue *révèle* | les pensées | du protagoniste. — *enthüllen*
| les motifs |

3.2.1.6. Die Regieanweisungen

- Les *indications scéniques* | donnent des informations sur … — *Regieanweisung* 10
| nous informent de/sur …
Les informations *concernent* — *betreffen*
| l'*acteur* | qui joue le rôle de … — *Schauspieler*
| l'*actrice* | — *Schauspielerin*
Les informations | concernent le lieu et le temps de l'action. — 15
| se rapportent au lieu et au temps de l'action.

3.2.2. Die Komödie

3.2.2.1. Die verschiedenen Arten der Komik

- la *comédie* — *Komödie*
- L'auteur emploie différentes formes de *comique*. — *Komik* 20
Le comique de situation | *consiste dans le fait que* … — *… besteht in*
| *repose sur le fait que* … — *… beruht auf*
- Les personnages se comportent | d'une façon | *drôle.* — *seltsam, sonderbar*
- | d'une manière | *bizarre.* — *komisch*
| *exagérée.* — *übertrieben* 25
Le comique de situation repose sur des malentendus.
Le comique de caractère consiste dans une description exagérée
| de certains traits de caractère | des personnages.
| des *défauts* — *Fehler*
| des *vices* — *Fehler, Laster* 30
Le comique de langue repose sur le fait qu'un personnage
emploie une langue qui ne correspond pas
| à son rang social.
| à son niveau intellectuel.
| à sa situation professionnelle. — 35
Le comique de langue repose sur le fait qu'un personnage
imite la langue d'un autre personnage. — *nachahmen*
Le comique de *mœurs* se montre dans le fait que … — *Sitten*

3.2.2.2. Die Elemente der Komik

- | Cette scène | contient | plusieurs éléments *comiques*.   *komisch*
- | Le dialogue | présente | plusieurs détails comiques.

Le comique | *est basé sur* | le fait que …   *… beruht auf*
         | *est fondé sur* | un *jeu de mots*.   *… beruht auf; Wortspiel* 5

Le comique *résulte du fait que* le public   *… ergibt sich aus*
         est mieux informé que le héros.

Le comique résulte du *contraste* entre les connaissances   *Gegensatz*
         du public et l'*ignorance* du protagoniste.   *Unwissenheit*

Le comique | *réside dans le fait que* …   *… besteht in* 10
         | réside dans la situation *extrême* du héros.   *extrem*

Ce personnage | *provoque* le rire | par (sa façon de parler).   *hervorrufen*
         | *se rend ridicule* | *sich lächerlich machen*

- Un autre élément comique est …
- Ce qui est aussi comique, c'est …   15

C'est le contraste entre … et … qui rend le dialogue | comique.
                                              | amusant.

Cette scène contient un dialogue de *sourds*.   *Schwerhöriger, Tauber*

Les interlocuteurs | ne s'écoutent pas.
                | ne se répondent pas.   20

La *communication* des interlocuteurs   *Gespräch*
         a un caractère | comique.
                   | *absurde*.

Les répliques montrent le manque de *logique*.   *Logik*
Le style ne correspond pas à un dialogue réaliste.   25
La construction des phrases est assez *recherchée*.   *gekünstelt*

Les personnages ne disent que | des *banalités*.   *Banales*
                           | des *lieux communs*.   *Triviales*

Le jeu de mots est basé sur l'*ambiguïté*   *Zweideutigkeit*
         de quelques mots et expressions.   30

De là résultent de nombreux malentendus.

3.2.3. Der Sketch

- | Le texte | présente | une *satire* (des consommateurs).   *Satire*
- | L'auteur | | une *caricature* (de la société moderne).   *Karikatur*
                     | une *parodie* (du *langage publicitaire*).   *Parodie;* 35
                                    Sprache der Werbung

L'auteur *parodie* | (le langage publicitaire).   *parodieren*
                   | (les consommateurs).

- Les personnages se trouvent dans une situation absurde.
  La situation ne correspond pas à la réalité.   40
  La situation *est poussée à l'extrême*.   *… wird bis ins Extreme getrieben*

La communication | a un caractère *absurde*.   *absurd*
                 | manque de logique.
Les phrases sont complètement *incohérentes*.   *unzusammenhängend*
L'aspect satirique du sketch *se manifeste* surtout   *sich zeigen*
            | dans la *critique* de qc.   *Kritik* 5
            | dans le comportement exagéré de qn.
- | Le but de l'auteur | est de faire rire | le lecteur.
- | Le but du texte | est d'amuser |
    Mais il veut aussi attirer notre attention sur
               certains comportements *critiquables*.   *tadelnswert* 10
L'auteur veut *ridiculiser*   *lächerlich machen*
     | (le langage publicitaire).
     | (le comportement des consommateurs).

3.3. Das Gedicht *(le poème)*

3.3.1. Die Struktur des Gedichts   15

3.3.1.1. Die Strophe

    analyser la *structure formelle* du poème   *formale Struktur*
- Le *poème* | *comprend* | 4 strophes. ⎫
            | *comporte* | ⎬   *Gedicht; umfassen, enthalten*
            | *contient* | ⎭   20
- La 1ère *strophe* | comprend | 4 *vers*.   *Strophe; Vers*
                | comporte |
                | contient |

| Les strophes 2 à 4 | comprennent | 5 vers.
| Les 2 premières strophes | comportent | 25
                        | contiennent |
    Les strophes comprennent de 2 à 10 vers.
    Le poème comprend 2 strophes de 4 vers *(quatrains)*.   *Vierzeiler*
              et 2 strophes de 3 vers *(tercets)*.   *Dreizeiler*
        Il s'agit donc d'un *sonnet*.   *Sonett* 30
- Dans la 2e strophe, le *poète* exprime …   *Dichter*
- La *construction* des strophes est | *régulière*.   *Bau; regelmäßig*
-                          | *irrégulière*.   *unregelmäßig*
    Les strophes 1 et 2 ont la même *structure syntaxique*.   *syntaktische Struktur*
    Dans les 2 premières strophes, il y a | des *parallélismes*.   *Parallelität* 35
                                | des *correspondances*.   *Entsprechung*
    Ces 2 strophes *forment un tout*.   *… gehören eng zusammen*
- Les phrases | sont très longues.
                | sont assez complexes.
-                      | sont simples.   40
                | ne sont pas *compliquées*.   *kompliziert*
- Entre la 2e et la 3e strophe, il y a une *rupture*.   *Bruch, Einschnitt*

Après la 2ᵉ strophe, il y a une rupture dans la
structure syntaxique.
La 3ᵉ strophe a un vers de plus que les deux premières strophes.
Les strophes 2 et 3 | *sont différentes* | de la première strophe.   *sich unterscheiden*
           | *se distinguent* | *sich unterscheiden* 5
La dernière strophe se distingue du reste du poème.
La dernière strophe | *est formée* | *d'une* seule phrase.   *… besteht aus*
           | *est constituée* | *… besteht aus*
- Le poème n'a pas de strophes.
Il peut être divisé en 3 parties | à peu près *égales*.   *gleich* 10
                | d'une longueur *inégale*.   *ungleich*
Entre le début et la fin du poème, il y a | un contraste.
                       | une opposition.

3.3.1.2. Der Vers

Les vers ont 8 *syllabes. (octosyllabes)*   *Silbe; Achtsilber* 15
Les vers ont 10 syllabes. *(décasyllabes)*   *Zehnsilber*
Les vers ont 12 syllabes. *(alexandrins)*   *Alexandriner*
- La longueur des vers est différente.
- Les vers n'ont pas la même longueur.
- Les vers sont *irréguliers*.   *unregelmäßig* 20
- Les vers ont 2 à 18 syllabes.
Le dernier vers ne *consiste* qu'*en* 2 mots.   *bestehen aus*
Le dernier vers de chaque strophe est *identique*.   *identisch, übereinstimmend*

- | Au vers 5, | le poète décrit …
  | Aux vers 7 et 8, | 25
Le vers 10 parle de …
Le dernier vers *est détaché* du reste du poème.   *… ist losgelöst*
Les vers sont formés | de petites *unités syntaxiques.*   *syntaktische Einheiten*
              | de petits *syntagmes.*   *Satzglied*
              | de groupes de mots de longueur différente.   30
Le 3ᵉ vers *est coupé en* 2 syntagmes | *égaux.*   *… ist gegliedert in*
                       | inégaux
La *césure* après le mot «…» met l'accent sur …   *Zäsur, Einschnitt*
Le mot «…», placé au début du vers, est *mis en relief.*   *hervorgehoben*
- Le mot «…» est répété au début de chaque vers.   35
La *répétition* du mot «…» au début de chaque vers   *Wiederholung*
  | crée une certaine *monotonie.*   *Monotonie*
  | *contribue* également *à* la monotonie.   *beitragen zu*
  | *renforce* la monotonie.   *verstärken*
Les phrases courtes *correspondent à* un vers.   *entsprechen* 40
- Dans la 2ᵉ strophe, il y a un *enjambement.*   *Enjambement, Versübergreifen*

Le vers 3 *enjambe sur* le vers 4.　　　　　　　　　　　　　*übergreifen auf*
L'élément syntaxique placé au début du vers suivant
　　　　　　　　　　　　　　est mis en relief.
Il y a aussi un enjambement de strophes.
La 1ère strophe enjambe sur la 2e.　　　　　　　　　　　　　　　　5
L'enjambement *réunit* les 2 strophes *en un tout.*　　　*zu einer Einheit verbinden*

- Il n'y a pas de *ponctuation.*　　　　　　　　　　　　　*Zeichensetzung*
　L'*absence* de ponctuation provoque parfois des difficultés　　*das Fehlen*
　　　　　　　　　　　　　de compréhension.

3.3.1.3. Der Reim　　　　　　　　　　　　　　　　　　　　　10

| La *disposition* des *rimes* est: | aa, bb, cc, dd.　　　*Anordnung; Reim*
- | Le *schéma* des rimes est: |　　　　　　　　　　　　*Schema*
　Les vers *riment* d'après le schéma: aa, bb, cc, dd.　　　　*reimen*
　　　　　　　　Ce sont des *rimes plates.*　　　　　　　　*Paarreim*
　Le schéma des rimes est: abab, cdcd.　　　　　　　　　　　15
　　　　　　　　Ce sont des *rimes croisées.*　　　　　　　*Kreuzreim*
　Le schéma des rimes est: abba, cddc.
　　　　　　　　Ce sont des *rimes embrassées.*　　*umschließender Reim*

　Le vers *riment* en «oi».　　　　　　　　　　　　　　*reimen auf*
　Les rimes sont en «oi».　　　　　　　　　　　　　　　　20

| Dans la 1ère strophe, | les rimes sont | *régulières.*　　*regelmäßig*
- | Dans les strophes 2 et 3, | | *irrégulières.*　　*unregelmäßig*
　Dans la 3e strophe, la rime est la même que
　　　　　　　　dans les strophes | précédentes.
　　　　　　　　　　　　　　　　| suivantes.　　　　　　　25
　La disposition des rimes et la longueur égale des vers
　　　　　　　　créent une certaine monotonie.

3.3.2. Detailanalyse des Gedichts

3.3.2.1. Allgemeines

- Le sujet du poème est …　　　　　　　　　　　　　　　30
　Le poète | décrit (la beauté de la nature).
-　　　　　| décrit (un monde *imaginaire*).　　*erdacht, unwirklich*
　　　　　| *évoque* (un paysage imaginaire).　　*vor Augen stellen*
-　　　　　| exprime (son état d'âme).
　　　　　| développe l'idée de (la beauté).　　　　　　　35

　Le *motif* (de la tristesse) apparaît de nouveau dans la 3e strophe.　*Motiv*
　Il y a une *gradation* du motif (de la tristesse).　　　*Steigerung*

39

Le personnage principal est le «*moi poétique*».   *poetisches Ich*

Le «moi» représente | l'individu.
                    | le poète.

- Le poète s'exprime de façon indirecte.
  (L'opinion du poète) n'est pas indiquée de façon directe.   5
  Le *message* que le poète veut *transmettre* au lecteur est que …   *Botschaft;*
                                                          übermitteln

3.3.2.2. Die Stilmittel

- Le poète emploie plusieurs | *procédés de style.*   }
                               | *moyens stylistiques.* }   *Stilmittel*   10
  Par ce procédé de style, le poète | veut exprimer …
                                         | met en relief …

- Le poète emploie plusieurs *comparaisons.*   *Vergleich*
  Les comparaisons | se rapportent à …
                        | concernent …   15
- *qc est comparé à* qc   *etw. wird verglichen mit*
  (Les fenêtres) sont comparées à (des yeux fermés).

Le poète emploie | une langue *riche en images.*   *bilderreich*
                         | une langue imagée.
Le poème est riche en images.   20
- Dans la 1ère strophe, | on rencontre | plusieurs *images.*   *Bild*
                        | on trnouve
- Cette image | *exprime* | l'idée de (solitude). }
                | *traduit*   }   *ausdrücken*
  Les images sont | très *poétiques.*   *poetisch* 25
                      | *évocatrices.*   *eindrucksstark*
                      | *symboliques.*   *symbolisch*
                      | *traditionnelles.*   *traditionell*
                      | très *concrètes.*   *konkret*
-                     | *imprécises.* }   30
-                     | *vagues.*   }   *vage, verschwommen*
-                     | assez *banales.*   *banal*
- Les images | se rapportent (au ciel et à la mer).
                  | concernent (le ciel et la mer).
  Les images *sont empruntées* | (à la réalité concrète).   *stammen aus* 40
                                | (à la nature).
                                | (au domaine de la nature).

Les images ont | une *valeur symbolique*   *Symbolgehalt*
                     | un caractère symbolique.

Les images doivent être comprises
dans un *sens symbolique*.　　　　　*symbolische Bedeutung*
La valeur symbolique de cette image est un peu vague.
Le caractère symbolique de cette image est difficile
à comprendre.　　　　　　　　　　　5

- (La rose) | est le *symbole* de (l'amour).　　　*Symbol*
　　　　　　| *symbolise* (l'amour).　　　　　*symbolisieren*
(Les yeux) pourraient symboliser (la curiosité).
qn/qc est symbolisé par …
Ce mot est employé symboliquement pour …　　　10

Le vers 6 contient | une *métaphore*.　　　　　*Metapher*
　　　　　　　　　 | une *expression métaphorique*.　*bildlicher Ausdruck*
La métaphore | exprime | …
　　　　　　　 | traduit |

Le début de chaque strophe est *marqué* par　　*kennzeichnen* 15
la *répétition* des mêmes mots.　　　　*Wiederholung*
La répétition du mot «…» souligne …
- Le poète | *répète* | les mêmes mots au début de chaque strophe.　*wiederholen*
　　　　　　| *reprend* |　　　　　　　　　　　*wiederaufnehmen*

- Dans la 2ᵉ strophe, | on trouve | un *parallélisme*.　*Parallelismus* 20
-　　　　　　　　　　 | il y a |
　Les phrases ont une structure *parallèle*.　　*parallel*

- Dans la 2ᵉ strophe, il y a une *antithèse*　　*Antithese, Gegensatz*
-　　　　　　　　　　entre les mot «…» et «…».
- Dans la 2ᵉ strophe, il y a un *contraste* entre … et … .　*Gegensatz* 25
　qc *contraste avec* qc　　　　　　　　*einen Gegensatz bilden zu*

- Cette phrase contient une *énumération*.　　*Aufzählung*
　Dans l'énumération, on peut constater une certaine *gradation*.　*Steigerung*
- Le poète *énumère* …　　　　　　　　*aufzählen*

- La 3ᵉ strophe contient une *personnification*　*Personifizierung* 30
(de la tristesse).
- Dans la 3ᵉ strophe, (la tristesse) est *personnifiée*.　*personifizieren*

- La 1ᵉʳᵉ strophe commence par une *exclamation*.　*Ausruf*

- Au vers 10, le poète emploie une *question rhétorique*.　*rhetorische Frage*

- | Le vers 12 contient | une *allusion à* …   *Anspielung*
  | Au vers 12, on trouve |
- Le poète *fait allusion à* …   *anspielen auf*

- Le vers 10 contient une *périphrase*.   *Umschreibung*
  Le poète emploie une périphrase pour *désigner* (la mort).   *bezeichnen* 5

  Les deux dernières strophes présentent plusieurs *anaphores*   *Anapher*
  qui renforcent l'*énoncé*.   *Aussage*

  En parlant de (la mort), le poète utilise un *euphémisme*.   *Euphemismus*
  Au lieu d'utiliser le *terme propre* «la mort»,   *eigentlicher Ausdruck*
  qui pourrait *déplaire* ou *choquer*,   *missfallen; Anstoß erregen* 10
  il emploie l'expression *atténuée*   *abgeschwächt*
  «la disparition».

  Les strophes 2 et 3 contiennent plusieurs jeux de mots.
  Le poète joue sur les mots.

3.3.2.3. Der Stil   15

| Du point de vue du *style*, | on peut dire que …   *Stil*
| En ce qui concerne le style, |
- Le poème est écrit dans une langue | simple.
- | abstraite.   *abstrakt*
  | musicale.   *musikalisch* 20
  | harmonieuse.   *harmonisch*
  Le poème est écrit dans un style | vif.   *lebendig*
  | sobre.   *nüchtern*
  | solennel.   *feierlich*
  Le style est caractérisé | par le grand nombre | des noms.   25
  | par l'*abondance* | des adjectifs.   *Fülle*
  | des verbes.
  Ce sont les verbes qui *dominent* dans le poème.   *vorherrschen*
  La plupart des verbes ont un sens négatif.
- Le poète | emploie | un vocabulaire | simple.   30
- | utilise | | *choisi*.   *gewählt*
- Le poète emploie des mot | *concrets*.   *konkret*
- | *abstraits*.   *abstrakt*
  | *vagues*.   *verschwommen, vage*
  Le poète utilise des expressions | *imagées*.   *bilderreich* 35
  | choisies.
  | *recherchées*.   *gekünstelt*
- | banales.
- | vagues.
  | *ambiguës*.   *doppeldeutig, zweideutig* 40

Le poète emploie deux *niveaux de langue:*   *Sprachebene*
       la langue littéraire et la *langue courante.*   *Umgangssprache*
• Le poète emploie des expressions
•   │de la langue familière.
•   │de la langue populaire.   5
• Beaucoup de mots appartiennent │à la langue courante.
•   │à la langue familière.
•   │à la langue populaire.
      D'autres mots font partie de la langue *littéraire.*   *literarisch*
      De cette *combinaison* résulte un effet humoristique.   *Verbindung* 10
      L'expression «…» │fait penser à …
                       │*évoque l'idée de …*   *den Gedanken an etw. wachrufen*
      On remarque un rapport étroit
             entre │le *fond*   │et la forme.   *Gehalt*
                   │le *contenu*│   *Inhalt* 15
      La forme │*est adaptée* au contenu.   *… ist angepaßt*
               │*s'accorde avec* le contenu.   *… stimmt überein mit*
      Il y a plusieurs *correspondances*   *Entsprechung*
                   entre le contenu et la forme.

3.3.2.4. Der Rhythmus und die Klanggestalt   20

• Le poème a un *rythme* │*régulier.*   *Rhythmus; gleichmäßig*
•   │*irrégulier.*   *ungleichmäßig*
                         │*léger.*   *leicht*
                         │*vif.*   *lebhaft*
                         │*lourd.*   *schwerfällig* 25
•   │*monotone.*   *monoton*
                         │*saccadé.*   *abgehackt*
      Dans la dernière strophe, le rythme *s'accélère.*   *… wird lebhafter*
      Le rythme │souligne │l'impression de │*joie.*   *Freude*
               │renforce │   │*tristesse*   *Traurigkeit* 30
                                           │*mélancolie.* *Melancholie, Schwermut*

      La langue est très musicale.
      Le caractère musical du poème se montre surtout dans …
      Il faut noter │la *fréquence* │de la *sonorité* «a».   *Häufigkeit; Laut*
                    │*l'abondance* │du «a».   *Fülle* 35
                                   │de la *voyelle* «a».   *Vokal*
                                   │de la *consonne* «r».   *Konsonant*
      La voyelle dominante est «a».
      Les sonorités │*sourdes* (o, ou) │dominent.   *dunkel*
                    │*claires* (i, u) │   *hell* 40

43

La *tonalité* des derniers vers devient | plus sourde.   *Klang*
                                        | plus claire.
Le vers 10 contient une *onomatopée*.   *Lautmalerei*
Ce qui donne au poème un caractère particulier de poésie,
                                        | c'est le jeu des sonorités.   5
                                        | ce sont les *effets sonores*.   *Klangwirkung*

3.4. Die Fabel *(la fable)*

- La *fable* se compose de 2 parties: *Fabel*
-         le *récit*/le dialogue et la *morale*.   *Erzählung; Moral*
- La morale est placée | à la fin | de la fable.   10
-                       | au début |
- |Les 2 derniers vers | constituent |la morale.
- |Les premiers vers | présentent |

- La 1ère partie présente le récit de l'action.
  Le récit et le *dialogue sont mêlés*.   *Dialog; … sind vermischt* 15
- Le récit raconte | les *phases* | de l'action   *Phase*
-                  | les différentes *étapes* | de l'histoire.   *Stufe, Etappe*
  Les vers 3 à 6 | constituent |l'exposition:
                 | présentent |
              ils nous donnent une introduction à la situation   20
                            et présentent les personnages.
- Les *protagonistes* de l'action sont | des animaux.   *Protagonist*
-                                       | des plantes.
- L'action se passe | dans un endroit *imaginaire*.   *erdacht, unwirklich*
-                    | dans le monde réel.   25
- Les vers 7 à 26 présentent le dialogue
                  |entre les protagonistes.
                  | entre les personnages principaux.
- Le dialogue | montre | le point de vue des protagonistes.
-             | illustre | 30
  Les vers 23 à 26 constituent la partie *dramatique* de la fable.   *dramatisch*
- Les vers 27 à 29 | constituent |le *dénouement* tragique   *Ende, Ausgang*
-                  | présentent | de la fable.

- |Le sujet | de la fable concerne l'existence *humaine*.   *menschlich*
- |Le thème | 35
- |Les animaux | se comportent comme des hommes.
- |Les plantes | ont un comportement humain.
- |Les animaux | *incarnent* certaines attitudes.   *verkörpern*
- |Les plantes |

L'auteur se sert des animaux pour *dénoncer*   *deutlich zeigen*
    le comportement *excessif* des hommes.   *übertrieben*

- La morale est illustrée par | le récit.
-                           | l'histoire.
  La morale peut être *transposée* dans le monde humain.   *übertragen* 5
- Dans la morale, l'auteur critique les défauts.
- La morale de la fable est que …
- Dans la morale, | l'auteur | s'adresse | au jugement du lecteur.
-                   | le *fabuliste* | fait appel | *Fabeldichter*
  La morale a un caractère ironique. L'auteur dit   15
              le *contraire* de ce qu'il veut exprimer.   *Gegenteil*
  La vérité n'est pas exprimée directement.
  La fable peut être interprétée de plusieurs façons.

3.5. Das Chanson (*la chanson*)

- Il s'agit d'une | *chanson poétique.*   *poetisches Chanson* 15
-            | *chanson engagée.*   *gesellschaftskritisches Chanson*
-            | *chanson populaire.*   *Volkslied*
- La chanson est | chantée | par …
                | interprétée | *interpretieren*
  L'*interprète* de la chanson est …   *Interpret* 20
  L'*auteur-compositeur* de la chanson est …   *Autor und Komponist*
  L'auteur-compositeur-chanteur de la chanson est …
  C'est … qui a *composé les paroles et la musique.*   *Text und Musik schreiben*

  La structure de la chanson est | régulière.
                        | irrégulière.   25
- La chanson | comprend | 4 *couplets.*   *Strophe*
              | comporte |
              | contient |
- Le 2ᵉ couplet est suivi d'un *refrain.*   *Refrain*
- Les couplets | comprennent | 4 vers.   30
              | comportent |
              | contiennent |
  Le dernier couplet | se distingue des autres par sa longueur.
                   | est *détaché* du reste de la chanson.   *…ist losgelöst*
- On peut diviser la chanson en 4 parties,   35
-                  chaque partie comprend 2 couplets.
- Les vers ont 5 à 8 syllabes.
- Les vers *riment* d'après le schéma abab.   *reimen*

- La chanson parle de …
- Le sujet de la chanson est …   40

- Dans le 2ᵉ couplet, l'auteur parle de …
- L'auteur s'adresse | au lecteur.
-             | à l'*auditeur* de la chanson.   *Hörer*

Le rôle du refrain est de …
- Le refrain exprime …   5

Le refrain contraste avec le *contenu* des couplets.   *Inhalt*

Il y a un accord entre la musique et les paroles.

La musique | *s'accorde avec* | les paroles.   *übereinstimmen mit*
             | contraste avec |

- | La *mélodie* | est | simple.   *Melodie* 10
- | La musique | | calme.
                                douce.   *leise*
-                                  monotone.
-                                  *mélancolique.*   *melancholisch, schwermütig*
-                                  *triste.*   *traurig* 15
                                harmonieuse.   *harmonisch*
                                gaie.   *heiter*
-                                  *vive.*   *lebhaft*
-                                  *rythmique.*   *rhythmisch*
                                forte.   *laut* 20

- Le rythme est | *lent.*   *langsam*
-                     | rapide.

Dans le 3ᵉ couplet, le rythme | devient plus rapide.
                                          | *s'accélère.*   *schneller werden*

Le changement du rythme | *signifie* que …   *bedeuten* 25
                                 | souligne …

La *voix* | du chanteur | est | douce.   *Stimme*
         | de la chanteuse | | forte.
                                         agressive.   *aggressiv*
                                         sentimentale.   *sentimental, gefühlsbetont* 30

Les *instruments de musique* sont: …   *Musikinstrument*
| Le chanteur est *accompagné* | à la *guitare.*   *begleiten; Gitarre*
| La chanteuse est accompagnée | au *piano.*   *Klavier*
                                     | à l'*accordéon.*   *Akkordeon*
                                     | à la *flûte.*   *Flöte* 35
                                     | au *violon.*   *Violine*
                                     | à la *batterie.*   *Schlagzeug*
                                     | par un *orchestre.*   *Orchester*
L'*accompagnement* à la guitare souligne   *Begleitung*
                            le caractère | gai | des paroles.   40
                                          | mélancolique |

4. DIE TEXTSORTEN: *(les genres de texte)*
DER NICHT-LITERARISCHE TEXT *(le texte non littéraire)*

4.1. Der Zeitungsartikel *(l'article de journal)*

- L'article est tiré | du *quotidien* «Le Monde» — *Tageszeitung*
- de l'*hebdomadaire* «L'Express». — *Wochenzeitung* 5
- d'un *périodique* politique.
- d'une *revue* féminine. } — *Zeitschrift*
- d'un *magazine* féminin. }
- d'une *feuille à sensation*. — *Sensationsblatt*

- | Le journaliste | a écrit | un article sur … — 10
- Le reporter | a *rédigé* | — *abfassen*
- Le *correspondant* | — *Korrespondent*

| Le *gros titre* | doit inciter à la lecture. — *Balkenüberschrift*
| La *manchette* | — *Schlagzeile*
L'article se trouve à la «*une*». — *Titelseite* 15
L'article se trouve | sous la *rubrique* | des faits divers. — *Rubrik*
| littéraire.
Le texte est tiré | du *courrier des lecteurs*. — *Leserbriefe*
| des *petites annonces*. — *Anzeigenteil*

La *colonne* | de gauche | présente les faits. — *linke Spalte* 20
| de droite | donne le commentaire du journaliste. — *rechte Spalte*

- L'article de journal | donne | des informations sur …
- | présente | une analyse de …
- L'auteur présente | les informations | d'une façon objective.
- | les *faits* — *die Tatsachen* 25
Le journaliste | informe le lecteur objectivement de …
| *rapporte* les faits sans prendre position. — *berichten*
La *source d'information* est … — *Informationsquelle*
Il s'agit d'un *informateur sérieux*. — *Informant; zuverlässig*
- Les informations | ne sont pas objectives. — 30
| manquent d'objectivité.
L'informateur | ne paraît pas | sérieux.
La source d'information | ne semble pas | sérieuse.

L'auteur | présente | les faits d'une façon *tendancieuse*. — *tendenziös*
| rapporte | — 35
Les nouvelles sont présentées d'une façon sensationnelle. — *die Meldungen*
L'auteur emploie des termes qui *font sensation*. — *Aufsehen erregen*

La présentation de l'article *est adaptée* ... *ist abgestimmt auf*
au *goût de la sensation* du lecteur. *Sensationslust*

• Une des *caractéristiques* du style journalistique est ... *Kennzeichen*
Le style journalistique *se caractérise par* ... *sich auszeichnen durch*

• L'auteur donne un commentaire de ... 5
Le *commentateur* exprime son opinion personnelle sur ... *Kommentator*
Le commentaire présente objectivement les faits
et la *prise de position* du journaliste. *Stellungnahme*
Le caractère agressif du commentaire se montre
dans le fait que ... 10

L'éditorial | donne | une analyse de ... *Leitartikel*
| contient |
L'éditorialiste | analyse ... *Leitartikelschreiber*
| critique ...

• L'article présente une *interview* de ... *Interview* 15
qu'il/elle a donnée en 1994.
... est *interviewé(e)* par | un journaliste | (de l'Express). *interviewen*
| un reporter |
Le journaliste lui pose des questions sur ...
Le journaliste cherche à *amener* l'interlocuteur *veranlassen* 20
à s'exprimer plus *nettement* sur ... *klar, deutlich*

• L'article contient un *reportage* sur ... *Reportage*
Le reportage donne des *informations de fond* sur ... *Hintergrundinformationen*

• L'article | contient | un *rapport* de ...
| présente | un *exposé* de ... } *Bericht* 25
| donne | un *compte-rendu* de ...
L'auteur présente les événements
dans l'*ordre chronologique*. *chronologische Reihenfolge*
L'auteur donne un *aperçu* (des mesures contre la criminalité). *Übersicht*

• L'auteur a | une *conversation* | avec ... sur ... *Gespräch, Unterhaltung* 30
| un *entretien* | *Unterredung, Gespräch*
• | La conversation | *porte sur* ... ... *dreht sich um*
| L'entretien |
L'auteur *s'entretient* avec ... de ... *sich unterhalten*
L'article contient les prises de position 35
de différents *interlocuteurs*. *Gesprächsteilnehmer*
• Les interlocuteurs expriment leur opinion personnelle sur ...

Le *graphique* montre *l'évolution*	*Grafik; Entwicklung*
(du *pourcentage* de … en 10 ans).	*Prozentsatz*
Les données de la *statistique* montrent …	*die Angaben; Statistik*

4.2. Der Werbetext *(le texte publicitaire)*

4.2.1. Die drucktechnische Gestaltung des Werbetextes

5

- On fait de la *publicité* pour qc.   *Werbung*
- |Le *texte publicitaire* | se compose | du titre.   *Werbetext*
- |L'annonce | | du texte.
-   d'un slogan.
-   d'une photo.   10
-   d'une image.
-   d'un *dessin*.   *Zeichnung*

En tête, on trouve une photo qui représente …
|Au dessous de | la photo, on trouve le titre qui présente le produit.
|Au dessus de | 15
Le titre est placé | au dessous de | la photo.
            | au dessus de |
- Le texte est illustré par des photos.

4.2.2. Die Textgestaltung

- Le texte donne des informations | sur le produit.   20
- | sur la qualité | du produit.
- | sur la fonction |
- | sur le prix |
- Les informations sur le produit sont | objectives.
- | très *détaillées*.   *ausführlich* 25

Les informations permettent au lecteur de se faire
         une idée précise du produit.
Les informations ne suffisent pas pour pouvoir se faire
         une idée précise du produit.
Le texte ne dit rien de précis de …   30

- Il y a une correspondance | entre le titre et le texte.
- | entre l'image et le texte.

Quant au rapport entre l'image et le texte, on peut dire que …

- L'image | attire l'attention sur le produit.
- | *suggère* le caractère exclusif du produit.   *suggerieren* 35
- | doit produire un effet *suggestif* sur le lecteur.   *suggestiv*

Le *slogan* publicitaire a un grand *pouvoir suggestif.*   *Slogan; Suggestivkraft*
- Le slogan incite le *consommateur* à acheter le produit.   *Verbraucher*
- Le slogan fait appel au désir de (beauté) qu'éprouve
                                        le consommateur.
- Le slogan met l'accent sur la valeur positive du produit.   5
- Il y a un rapport entre le slogan et l'image.

L'auteur emploie plusieurs *techniques de persuasion.*   *Überredungstechniken*
L'auteur *vante* les avantages du produit.   *preisen, rühmen*
Le texte contient plusieurs | *affirmations* | que le lecteur croit   *Behauptung*
                            | *promesses* | facilement.   *Versprechen* 10
Le nom du produit est écrit en *majuscules* pour attirer   *Großbuchstaben*
                                        l'attention.
L'auteur utilise des expressions au superlatif pour suggérer
                        le caractère exclusif du produit.
Le consommateur se sent *personnellement concerné*   *persönlich angesprochen* 15
                        par le texte.
En employant le comparatif «...», l'auteur *prétend* que   *behaupten*
                        les autres produits sont moins bons.
Les termes techniques doivent souligner le caractère sérieux
                                        du produit.   20
Les mots doivent créer une impression | d'élégance.
                                       | d'exclusivité.
En employant l'impératif, l'auteur fait croire au lecteur
                        qu'il est nécessaire de posséder le produit.
En employant le pronom «nous», l'auteur fait appel   25
                        | à l'acheteur.
                        | au consommateur.
Par l'emploi du pronom «vous», l'auteur fait croire
                        au lecteur qu'il s'identifie à lui.
... nous est présenté(e) comme une personne sympathique,   30
                        de sorte que le lecteur peut facilement
                                        s'identifier à lui.
Le texte contient beaucoup d'expressions *affectives,*   *affektiv*
                        (p. ex. «beau, tendre, harmonieux»).
Cette formule *paradoxale* éveille la curiosité du lecteur.   *paradox* 35
Le texte contient plusieurs répétitions.
Les phrases courtes et incomplètes donnent au texte
                        une structure rythmique.
Les éléments de phrase *juxtaposés* donnent au texte   *aneinander gereiht*
                        une structure rythmique.   40

4.2.3. Die Zielsetzung des Werbetextes

- Le texte publicitaire s'adresse | à un public peu *critique*.   *kritisch*
     à un public *cultivé*.   *gebildet*
     à «l'homme moderne».
     aux jeunes.   5

- L'auteur veut | éveiller l'intérêt du lecteur pour le produit offert.
     influencer le consommateur dans son comportement.
     manipuler le *subconscient* du consommateur.   *Unterbewusstsein*
     inciter le consommateur à acheter le produit.   *verleiten,*
     anregen 10

L'auteur veut *éveiller des désirs cachés*   *verborgene Wünsche wecken*
     chez le lecteur.
L'auteur | fait appel aux désirs cachés du lecteur.
   fait appel au désir | de beauté.
     de jeunesse.   15
     de santé.
     de *sécurité*.   *Sicherheit*
     de succès.
     de bonheur.
     d'augmenter son *prestige social*.   *Sozialprestige* 20

L'auteur veut créer | de nouveaux désirs.
     de nouveaux besoins.

L'auteur | veut faire croire au lecteur que …
La publicité | suggère au consommateur que …   25
La publicité présente un monde *idéalisé*.   *idealisiert*

4.3. Die politische Rede *(le discours politique)*
4.3.1. Die Position des Redners

- L'orateur | *fait* | *un discours* | politique | sur …   *eine Rede halten*
   prononce | | électoral | | *eine Wahlrede halten* 30
     télévisé | *Fernsehansprache*
     radiodiffusé | *Rundfunkansprache*
L'orateur | présente ouvertement ses intérêts.
   parle comme *représentant* d'un *parti* politique.   *Vertreter; Partei*
-    expose | le programme | de son parti.   35
     | les *objectifs*   *Ziel*
   fait partie d'un groupe d'intérêts.   *gehören zu*
   représente les intérêts de …

Il | met en relief | ses propres *mérites*.   *Verdienst*
   | souligne | les aspects positifs de sa position.
| Il *simplifie* | les faits.   *vereinfachen*
| Il *fausse* | *verfälschen*
Il *rejette* ses propres fautes *sur* d'autres personnes.   *abwälzen auf* 5
Le pronom «nous» indique que l'orateur
                    s'identifie avec les auditeurs.
• L'orateur fait appel | aux sentiments | des auditeurs.
                       | à la raison |
L'orateur fait appel au *sens de la responsabilité*   *Verantwortungsbewusstsein* 10
                    des auditeurs.

4.3.2. Die Position des Gegners

L'orateur a une bonne opinion de son adversaire.
| Il souligne | les aspects positifs de la position *adverse*.   *gegnerisch*
| Il reconnaît | *anerkennen* 15
Il *loue* les mérites de son adversaire.   *loben*
Il caractérise son adversaire par des termes positifs.
Il *admet* qu'il ait raison de dire que …   *einräumen, zugeben*

L'orateur souligne les aspects négatifs de la position adverse.
Il *affaiblit* les aspects positifs de la position adverse.   *abschwächen* 20
Il *exagère* les fautes de son adversaire.   *übertreiben*
Il caractérise son adversaire par des termes négatifs.
Il *attaque* ouvertement son adversaire.   *angreifen*
Il *conteste* les mérites de son adversaire.   *bestreiten*
Il *déforme* les arguments de son adversaire.   *verzerren, entstellen* 25
Il adresse une *polémique* contre son adversaire.   *Polemik*

4.3.3. Die Ziele des Redners

• L'orateur veut | influencer les auditeurs.
                 | amener les auditeurs à *adopter* son opinion.   *übernehmen*
                 | *imposer* son opinion aux auditeurs.   *aufzwingen* 30
                 | gagner ses auditeurs pour une idée.
                 | *inciter* les auditeurs | à agir.   *antreiben*
                 | | à l'action.
                 | créer un sentiment de solidarité.
                 | *mobiliser* les auditeurs pour …   *mobilisieren* 35
• Son but est | de *faire de la propagande* | *pour* son programme.   *werben für*
              | de *faire de la publicité* | *en faveur de* son parti. *werben zugunsten*
              | d'attaquer la position *idéologique* de son adversaire.   *ideologisch*

4.3.4. Die sprachliche Gestaltung der Rede

L'orateur emploie des *techniques de persuasion*.   *Überredungstechniken*

L'orateur | a un grand *talent verbal*.   *Sprachtalent*
          | est un grand *styliste*.   *Sprachkünstler*

- Il utilise | un *niveau de langue soutenue*.   *gehobenes Sprachniveau* 5
-          | une langue claire.
            | une langue d'une *densité* extraordinaire.   *Dichte*

Il utilise un style | *concis*.   *prägnant*
               | *concret*.   *anschaulich*

Les termes qu'il emploie ont une valeur positive.   10

- Il emploie | des expressions | élégantes.
          | des formules | concises.

Ces expressions produisent sur l'auditeur un effet positif.

- Il emploie | des *formules stéréotypées*.   *stereotype Ausdrücke*
-          | des clichés.   15
- Il utilise | des expressions | agressives.
-          | des formules | polémiques.
                   | ironiques.

L'orateur emploie des formules vagues que chacun peut
      interpréter d'après son propre point de vue.   20

L'orateur ne dit pas clairement
      ce qu'il entend par («démocratie»).   *... was er unter ... versteht*

Ces termes évoquent chez l'auditeur des *associations* négatives.   *Assoziation*

L'orateur emploie | surtout | des phrases *juxtaposées*.   *aneinander gereiht*
                | souvent | des expressions *impératives*.   *imperativisch* 25

L'emploi *fréquent* de l'impératif souligne l'appel   *häufig*
      que l'orateur adresse aux auditeurs.

5. DER STIL (*le style*)

5.1. Allgemeines (*généralités*)

- Il s'agit d'un style | simple.   30
                 | *varié*.   *abwechslungsreich*
                 | vif.
-                  | concret.
-                  | abstrait.
                 | *concis*.   *knapp, gedrängt* 35
                 | *appellatif*.   *appellativ*
                 | *descriptif*.   *deskriptiv*
                 | *antithétique*.   *antithetisch*

Le caractère varié du style s'exprime dans l'emploi de …

La *simplicité* du style se montre dans le *manque* de … *Einfachheit; Fehlen*

Plusieurs éléments de ce texte

appartiennent à	la *langue*	*littéraire.*	*literarische Sprache*
font partie de		*soutenue.*	*gehobene Sprache* 5
		parlée.	
		courante.	*Umgangssprache*
		familière.	
		populaire.	
		argotique. ⎫	
		vulgaire. ⎭	*Vulgärsprache* 10

Il s'agit d'un *niveau de langue* plutôt soutenu. *Sprachebene*

Il y a plusieurs éléments caractéristiques de la langue parlée.

• L'auteur emploie des éléments de la langue parlée dans les dialogues.

L'auteur emploie souvent la langue littéraire   15
      (p. ex. le passé simple) dans les parties *narratives.* *narrativ*

Le texte présente un *mélange* d'éléments de la langue écrite *Mischung*
      et de la langue parlée.

L'emploi de la langue vulgaire illustre le caractère de …

La langue *simple* correspond | au caractère de … *einfach* 20
| à la façon de penser de …

… parle une langue plutôt | technique.
| *abstraite.* *abstrakt*

…parle | d'une manière | précise.
| d'une façon | impersonnelle.   25

Sa façon de parler *est conforme à* son caractère. *übereinstimmen mit*

Le texte contient beaucoup de *discours directs.* *direkte Rede*

• L'auteur utilise plusieurs fois le discours direct.

L'emploi fréquent du discours direct donne un certain
      mouvement à ce texte. *Lebendigkeit* 30

Le discours direct donne beaucoup de *spontanéité* à ce texte. *Spontaneität*

Les *exclamations* sont assez fréquentes, ce qui donne *Ausruf*
      une certaine *vivacité* à ce texte. *Lebendigkeit*

Il y a une *alternance* entre les parties narratives *Wechsel*
      et les *parties dialoguées.* *Dialogteil* 35

Le ton du texte est plutôt | pessimiste.
| *neutre.* *neutral*

En grande partie, le ton est plutôt *pathétique.* *pathetisch*

C'est un ton | optimiste | qui *prédomine.* *vorherrschen*
| pessimiste |
| ironique | 40

Ces moyens stylistiques | donnent un ton (ironique) à ce texte.
　　　　　　　　　　　 | expriment (la rapidité et l'*impatience*).　　　　*Ungeduld*
Le ton soutenu du texte contraste avec la *banalité* du contenu.　　　*Banalität*

5.2. Der Wortschatz *(le vocabulaire)*

- Il s'agit d'un *vocabulaire technique*.　　　　　　　　　　*Wortschatz; technisch*　5
- Le vocabulaire contient | beaucoup de mots familiers.
- Il y a　　　　　　　　　 | beaucoup d'expressions populaires.

Beaucoup de mots | font partie de　 | la langue parlée.
- 　　　　　　　　　| appartiennent à |

Ces mots　　　　 | sont | typiques de　　　　 | la langue familière.　　　　10
Ces expressions | 　　 | caractéristiques de |
Ces mots　　　　 | *imitent* la langue familière qu'on parle　　　*nachahmen*
Ces expressions | 　　　　　　　　　　　　dans la rue.
L'auteur utilise *de préférence* | des expressions populaires.　　　*mit Vorliebe*
　　　　　　　　　　　　　　　 | des mots vulgaires.　　　　　　　　　　15
L'auteur a une *préférence marquée*　　　　　　　　　　*besondere Vorliebe*
　　　　　　　　　 | pour les expressions populaires.
　　　　　　　　　 | pour les mots vulgaires.
- L'auteur emploie | des formules courtes.
- 　　　　　　　　 | des *expressions* | *stéréotypées.*　　*nichtssagende Ausdrücke*　20
- 　　　　　　　　 | 　　　　　　　　 | banales.
　　　　　　　　　 | 　　　　　　　　 | ironiques.
　　　　　　　　　 | 　　　　　　　　 | paradoxales.
- Le vocabulaire contient beaucoup de *termes techniques*,　　*Fachausdrücke*
　　ce qui donne un caractère *scientifique* à ce texte.　*wissenschaftlich*　25
L'auteur utilise des mots populaires et des expressions vulgaires
　　qui donnent un certain caractère *polémique* à ce texte.　　*polemisch*

- Ce mot　　　　　　 | *exprime ...*　　　　　　　　　　　*ausdrücken*
- Ce terme　　　　　 | *désigne...*　　　　　　　　　　　*bezeichnen*
- Cette expression　 | *indique ...*　　　　　　　　　　　*angeben*　30
- Cette formule　　　| *illustre ...*　　　　　　　*veranschaulichen*
- 　　　　　　　　　 | *souligne ...*　　　　　　　　　　　*betonen*
　　　　　　　　　　 | *fait allusion à ...*　　　　　　　*anspielen auf*
Ce mot | *a une valeur négative.*　　　*... hat einen negativen Inhalt*
　　　　 | *évoque* des associations négatives.　　　*hervorrufen*　35
Ce mot *implique* l'idée de (solitude).　　　　　　　　*beinhalten*
- Par ce mot,　　　　 | l'auteur | exprime ...
- Par cette expression, | 　　　 | désigne le fait que ...
Par le mot («démocratie»), l'auteur *entend* ...　　　*verstehen unter*

- Ce mot　　　　　　 | *signifie* que ...　　　　　　　　*bedeuten*　40
- Cette expression　 | veut dire que ...

Ce mot	est employé	*au sens propre.*	*in wörtlicher Bedeutung*
	doit être compris	*au sens figuré.*	*in übertragener Bedeutung*
Ce mot a	*un sens péjoratif.*		*eine herabsetzende Bedeutung*
	une signification symbolique.		*eine symbolische Bedeutung*

• Ce mot est | un *synonyme* de … | *Synonym* 5
| un *antonyme* de … | *Antonym*
| le *contraire* de … | *Gegensatz*

L'auteur | *définit* le mot «…». | *definieren*
| donne une *définition* du mot «…». | *Definition*

Ce passage contient *2 mot clés.* *Schlüsselwort* 10

Les mots clés du texte sont «la peur» et «le désespoir».

L'auteur utilise le *diminutif* «…» *Verkleinerungsform*

pour *atténuer* sa critique. *abschwächen*

5.3. Der Satzbau *(la construction des phrases)*

• |La *construction* | *des phrases* est | très simple. |
• |La *structure* | | variée. | *Satzbau* 15

Il y a différents *types* de phrases. *Art, Typ*

• Les *phrases* sont | en général | assez courtes | *Satz*
| souvent | très courtes.

Les phrases courtes | ne contiennent pas toujours un verbe. 20
| *imitent* la langue parlée. *nachahmen*
| créent un rythme *vif.* *lebhaft*
| indiquent les *constatations* de l'auteur. *Feststellung*

Les phrases se suivent dans un mouvement rapide.

Par l'*accumulation* de phrases très courtes, *Anhäufung* 25
l'auteur exprime la rapidité de l'action.

Par la *brièveté* des phrases, l'auteur veut exprimer … *Kürze*

• Le texte contient beaucoup de phrases longues et *complexes* *komplex*
|qui créent un rythme *lent.* *langsam*
|qui expriment les réflexions de l'auteur. 30

|La longueur | de certaines phrases | indique …
|La *complexité* | | correspond à … *Komplexität*

L'auteur *fait alterner* des phrases longues *… er verwendet abwechselnd*
et des phrases très courtes.

• Les *phrases* sont souvent | incomplètes. |
| elliptiques. | *unvollständig* 35

Le texte contient beaucoup de phrases incomplètes,
ce qui crée une impression de *vivacité.* *Lebhaftigkeit*

Les phrases sont | *juxtaposées.* |
| *coordonnées.* | *beigeordnet*
40

Les phrases ne sont pas *reliées* entre elles.   *verbunden*
Il n'y a pas de *lien logique* entre les phrases.   *logische Verbindung*
Cette *parataxe* donne une certaine *vigueur*   *Beiordnung; Ausdruckskraft*
                                    à ce texte.
Cette *coordination* crée une impression de vigueur.   *Beiordnung* 5

- Les phrases contiennent plusieurs *subordonnées*.   *Nebensatz*
  | *L'hypotaxe* | donne une certaine *densité*   *Unterordnung; Dichte*
  | La *subordination* | à ce texte.   *Unterordnung*
  Il y a une *disproportion* entre les subordonnées   *Missverhältnis*
                            et la *principale*.   *Hauptsatz* 10
  | *Le manque* | de subordonnées est caractéristique   ⎫
  | *L'absence* | de la langue familière.   ⎬   *das Fehlen*
                                                          ⎭

Les *propositions causales*, qui sont fréquentes, indiquent ...   *Kausalsatz*
Les *propositions conditionnelles* indiquent . .   *Konditionalsatz*

Entre ces 2 phrases, on trouve un *parallélisme*   *syntaktischer Parallelismus* 15
                    syntaxique.
La répétition de certains éléments syntaxiques exprime ...

Par la *ponctuation*, l'auteur *découpe* les phrases   *Zeichensetzung; zerlegen*
                    en plusieurs éléments,
        ce qui donne un rythme plus vif à ses pensées.   20
Les *points de suspension* désignent la suite   *Auslassungszeichen*
                    des associations.
Les *points d'exclamation* soulignent les sentiments exprimés.   *Ausrufezeichen*

- La phrase | commence par | une *conjonction causale.*   *kausale Konjunktion*
-           | se termine par | un *adverbe*   *Adverb* 25
            | *est introduite par* | *... wird eingeleitet durch*
  La phrase | *est précédée de ...* | *dem Satz geht ... voraus*
            | *est suivie de ...*   *dem Satz folgt*

5.4. Die Grammatik *(la grammaire)*

| la *phrase*   ⎫   *Satz* 25
| la *proposition* ⎭

| la *principale*   ⎫   *Hauptsatz*
| la *proposition principale* ⎭

| la *subordonnée*   ⎫   *Nebensatz*
| la *proposition subordonnée* ⎭   30

la *relative* ⎫	
la *proposition relative* ⎭	*Relativsatz*
la *proposition interrogative*	*Fragesatz*
la *proposition causale*	*Kausalsatz*
la *proposition conditionnelle*	*Konditionalsatz* 5
le *sujet*	*Subjekt*
le *verbe*	*Verb*
l'*ordre des mots*	*Wortstellung*
un ordre des mots *inhabituel*	*ungewöhnlich*
l'*inversion* du sujet	*Inversion, Umstellung* 10
Le verbe est placé ⎪ en tête ⎪ de la phrase.	
⎪ au début ⎪	
le *complément*	*Satzergänzung*
le *complément d'objet*	*Objekt*
le *complément* ⎪ de lieu	*Ortsbestimmung* 15
⎪ de temps	*Zeitbestimmung*
le *substantif*	*Substantiv*
le *nom*	*Nomen*
Tous les substantifs sont accompagnés d'un *adjectif*.	*Adjektiv*
un adjectif	20
Les adjectifs ont un caractère (vague).	
Cet adjectif ⎪ a une place inhabituelle.	
⎪ est placé ⎪ avant ⎪ le nom.	
⎪ après ⎪	
un adjectif ⎪ *antéposé*	*vorangestellt* 25
⎪ *postposé*	*nachgestellt*
⎪ l' *antéposition* ⎪ de l'adjectif	*Voranstellung*
⎪ la *postposition* ⎪	*Nachstellung*
le *comparatif*	*Komparativ*
L'adjectif «…» est employé au comparatif.	30
Les *superlatifs* mettent en relief …	*Superlativ*
une expression *superlative*	*superlativisch*
l'*adverbe*	*Adverb*
l'*adverbe* ⎪ de lieu	*Ortsadverb*
⎪ de temps	*Zeitadverb* 35
la *préposition*	*Präposition*
la *conjonction de coordination*	*beiordnende Konjunktion*
la *conjonction de subordination*	*unterordnende Konjunktion*
la conjonction causale	
la conjonction conditionnelle	40
L'auteur utilise plusieurs *temps* dans ce paragraphe.	*Tempus*

L'auteur utilise souvent | le *présent.*   *Präsens*
                         | l'*imparfait.*   *Imperfekt*
                         | le passé simple.
Le présent est le temps *prédominant.*   *vorherrschend*
La plus grande partie du texte est écrite au présent   5
                    et au passé composé.
A la ligne 10, il y a un *changement de temps.*   *Tempuswechsel*
L'auteur passe du présent au passé composé.
Les imparfaits | désignent | les descriptions d'*arrière-plan.*   *Hintergrund*
               | indiquent | 10
               | marquent |
Les passés simples | désignent | les événements de *premier plan.*   *Vordergrund*
                   | indiquent |
                   | marquent |
Les verbes sont au présent dans les dialogues, à l'imparfait   15
                    et au passé simple dans les parties narratives.
Le récit est au passé composé.
L'auteur emploie *presque uniquement* le passé composé.   *fast nur*
le *plus-que-parfait*   *Plusquamperfekt*
Le plus-que-parfait indique une *distance* dans le temps   *Distanz* 20
                    par rapport à l'action racontée.
le *futur*   *Futur*
le *conditionnel*   *Konditional*
Le conditionnel exprime une *atténuation* de la pensée.   *Abschwächung*
le *singulier*   *Singular* 25
le *pluriel*   *Plural*
Les verbes sont | au singulier.
                | au pluriel.
L'auteur emploie | la 3e personne du singulier.
                 | la 1ère personne du pluriel.   30
L'*infinitif*   *Infinitiv*
une *construction infinitive*   *Infinitivkonstruktion*
l'*impératif*   *Imperativ*
L'emploi fréquent d'impératifs souligne
                    le *caractère d'appel* du texte.   *Appellcharakter* 35
le *participe*   *Partizip*
le participe | présent
             | passé
L'emploi fréquent de participes présents et de participes passés
                    contribuent à la *concision* du texte.   *Knappheit* 40
le gérondif
l'*actif*   *Aktiv*
le *passif*   *Passiv*
Les phrases sont | à l'actif.
                 | au passif.   45

une *expression impersonnelle*	*unpersönlicher Ausdruck*
Les verbes sont à la *forme affirmative.*	*bejahte Form*
à la *forme négative.*	*verneinte Form*
la *négation*	*Negation*
Les phrases sont à la *forme interrogative.*	*Frageform* 5
l'*interrogation* directe	*direkte Frage*
indirecte	*indirekte Frage*

5.5. Die Stilmittel *(les procédés de style)*

• le *procédé de style*	
le *moyen stylistique* }	*Stilmittel* 10
L'auteur utilise certains procédés de style	
pour éveiller l'intérêt du lecteur.	
pour amener le lecteur à adopter son opinion.	
• la *répétition*	*Wiederholung*
La répétition du mot «...» met en relief ...	15
• une *énumération*	*Aufzählung*
Cette phrase contient une énumération de (verbes).	
• L'auteur *énumère* ...	*aufzählen*
la *gradation*	*Steigerung*
Dans l'énumération, on peut constater une certaine gradation.	20
une *accumulation*	*Anhäufung*
La phrase contient une accumulation d'(adjectifs) qui indique ...	
• la *comparaison*	*Vergleich*
L'auteur emploie plusieurs comparaisons.	
• L'auteur *compare* qc/qn à/avec qc/qn.	*vergleichen* 25
qc est comparé à qc	
• une *image*	*Bild*
Cette image exprime l'idée de (solitude).	
Les images ont une *valeur symbolique.*	*Symbolgehalt*
• le *symbole*	*Symbol* 30
(La rose) est le symbole de (l'amour).	
(La rose) *symbolise* (l'amour)	*symbolisieren*
la *métaphore*	*Metapher*
La métaphore exprime ...	
Cette phrase contient une *expression métaphorique.*	*bildlicher Ausdruck* 35

- le *parallélisme*   *Parallelismus*
  Entre ces 2 phrases, il y a un parallélisme syntaxique.
  Ces 2 phrases ont une structure *parallèle*.   *parallel*

- une *antithèse*   *Antithese, Gegensatz*
  Cette expression forme une antithèse avec …   5
  Ces phrases ont une structure *antithétique*.   *antithetisch*

- une *exclamation*   *Ausruf*
  La phrase commence par une exclamation.

- la *question rhétorique*   *rhetorische Frage*
  L'auteur utilise plusieurs questions rhétoriques.   10

- la *personnification*   *Personifizierung*
  La phrase contient une personnification de la (machine).
  Dans cette phrase, (la machine) est *personnifiée*.   *personifizieren*

- une *allusion*   *Anspielung*
  Cette phrase contient une allusion à …   15
  L'auteur *fait allusion à* …   *anspielen auf*

- une *ironie*   *Ironie*
  L'auteur │ parle avec ironie.
           │ se sert de l'ironie en parlant ce …
  Le texte a un caractère *ironique*.   *ironisch* 20

la *périphrase*   *Umschreibung*
  L'auteur emploie une périphrase pour désigner (le bonheur).

une *anaphore*   *Anapher*
  Ce passage présente plusieurs anaphores.
  Les expressions *anaphoriques* soulignent …   *anaphorisch* 25

un *euphémisme*   *Euphemismus*
  En parlant de (la guerre), l'auteur utilise un euphémisme.

une *invocation*   *Anrufung*
  Cette phrase contient une invocation à la nature.

6. AUSDRÜCKE ZUR ABFASSUNG EINES TEXTKOMMENTARS

6.1. Seine persönliche Meinung äußern

- Je pense que …
- Je crois que …   5
- Je suis d'avis que …(+ *subj.*)
- Je trouve que …
- Je ne pense pas que … (+ *subj.*)
- Je ne crois pas que … (+ *subj.*)
- A mon avis, …   10

  |Mon avis | sur ce sujet | est que …
  |Mon opinion | sur ce point |

- J'ai l'impression que …

  |*Autant que je sache, …*   *soviel ich weiß* 15
  |*D'après ce que je sais, …* }
  A ma connaissance, …   *meines Wissens*
  Selon mon expérience, …   *nach meiner Erfahrung*
  Je sais *par expérience* que …   *aus Erfahrung*
  Si je ne me trompe, …   *wenn ich mich nicht täusche*
  Si je me rappelle bien, …   *wenn ich mich recht erinnere* 20

  Je suis convaincu(e) que …
  Je suis |sûr(e) |que …
          |certain (e) |
  Je ne suis pas |sûr(e) |si …
                 |certain(e) |
                                                                             25
- Je ne sais pas *exactement* …   *genau*
  J'ai des *doutes* si …   *Zweifel*

  Il est |possible |que … (+ *subj.*)
         |impossible |
  Il est |*probable* |que … (+ *subj.*)   *wahrscheinlich* 30
         |*improbable* | *unwahrscheinlich*
         |peu probable |
  … a probablement peur (de la solitude).

- Il semble que … (+ *ind./subj.*)
  Il me semble que … (+ *ind.*)   35
  Il me |semble |difficile |de…
        |paraît |impossible |

62

6.2. Mit dem Autor einverstanden sein

Je suis du même avis que l'auteur.

- Sur ce point, | je suis d'accord avec l'auteur.   *in diesem Punkt*
- Sur cette question, |
Je suis d'accord sur ce que l'auteur dit *au sujet de* …   *über, zum Thema* 5

- C'est *juste* que l'auteur (critique …).   *richtig*
- L'auteur *a* tout à fait *raison* | *de dire* que …   *… hat Recht, wenn er sagt*
                                    | de critiquer …
Du point de vue (psychologique),   *vom (psychologischen) Standpunkt aus*
            l'auteur a raison.   10
Dans un certain sens, l'auteur a raison.   *in gewissem Sinn*
Ce que l'auteur dit au sujet de … est *en partie* vrai.   *zum Teil*
L'auteur signale *à juste titre* que …   *mit Recht*

6.3. Den Autor kritisieren, nicht einverstanden sein

Je ne suis pas du même avis que l'auteur.   15
- Sur ce point, | je ne suis pas d'accord avec l'auteur.
  Sur cette question, |
Je ne suis pas d'accord sur ce que l'auteur dit au sujet de …
J'ai un avis bien différent | sur ce point.
                            | sur cette question.   20

- C'est complètement *faux* que l'auteur (critique …)   *falsch*
- Je trouve qu' | il est faux | de dire que …
  A mon avis, | | de croire que …
                | | de vouloir …
- Je trouve que l'auteur *a tort de dire* que …   *… hat Unrecht, wenn er sagt* 25
  L'auteur | *se trompe* | en disant que …   *sich irren*
           | *commet une erreur* | *einen Irrtum begehen*
  C'est une erreur de croire que …

Contrairement à l'auteur, je suis d'avis que . .   *im Gegensatz zu*
Contrairement à ce qu'on pense *généralement,*   *im Allgemeinen* 30
            il faut souligner que …

Je me demande si … / pourquoi … / quand …
- Je ne comprends pas pourquoi …
  L'auteur ne donne pas l'impression de vouloir …
  On ne peut pas *prendre* cette idée *au sérieux.*   *ernst nehmen* 35

Il y a quelques détails à *mettre au point.*   *klarstellen, richtigstellen*

Je voudrais mettre au point ce que l'auteur dit
au sujet de …

Il y a une *contradiction* dans ce que l'auteur dit *Widerspruch*
au sujet de …

Ces deux … ne sont pas *comparables*. *vergleichbar* 5

| qc *contraste avec* qc |
| qc *est en contraste avec* qc | *im Gegensatz stehen zu*
| qc *est en opposition avec* qc |

| qc *est en contradiction avec* qc |
| qc *est contraire à* qc | *im Widerspruch stehen zu* 10

qc *est incompatible avec* qc *unvereinbar sein mit*

6.4. Auf eine Notwendigkeit hinweisen

- Il faut dire que …
  Il faut *pourtant* dire que … *jedoch, dennoch*
  Si l'on *regarde* ce problème *de plus près,* *näher betrachten* 15
  il faut dire que …
  En y regardant de plus près, il faut constater que … *näher betrachten*
  Si l'on *réfléchit bien à* cette question, *richtig nachdenken über*
  il faut dire que …
  Il faut *noter que …* *bedenken, dass …* 20
  Il faut *signaler que …* *darauf hinweisen, dass*
- | Il faut *souligner que …* |
  | Il faut *insister sur le fait que …* | *betonen, dass …*
  Il faut *préciser que …* *klarstellen, deutlich machen*
- Il faut pourtant se demander pourquoi … 25
  Il faut aussi mentionner que …
  Il ne faut pas oublier que …

6.5. Weitere Ausdrücke der persönlichen Stellungnahme

- | *En résumé,* on peut dire que … |
  | *En somme,* on peut dire que … | *zusammenfassend* 30
  Dans l'ensemble, on peut dire que … *insgesamt*
  On peut dire *d'une façon générale* que … *ganz allgemein*

- *Il est évident que …* *es ist klar, dass …*
  | *Il va sans dire que …* |
  | *Il va de soi que …* | *es versteht sich von selbst* 35

  Il en est de même pour … *genauso verhält es sich mit*
  C'est pareil pour … *es ist dasselbe bei*

Cela revient au même.	*das läuft auf das Gleiche hinaus*
Cela n'a rien à voir avec …	*das hat nichts zu tun mit*
Cela ne sert à rien de (protester contre …)	*es nützt nichts*
Il est vrai que …, mais *au fond …*	*im Grunde*
Il ne s'agit pas de (critiquer …).	*es handelt sich nicht darum* 5
Il n'est pas question de (critiquer …).	
Le principal est que … (+ subj.)	*das Wichtigste ist, dass …*
L'essentiel est que … (+ subj.).	
• *Ce qui est important, c'est que … (+ subj.)*	*wichtig ist, dass …/*
Ce qui importe, c'est que … (+ subj.)	*worauf es ankommt, ist, dass …* 10
Ce qui compte, c'est d'(agir).	*was zählt, ist, …*
… *n'a pas d'importance.*	*etw. ist ohne Bedeutung*
… *n'a aucune importance.*	
Le but principal *doit consister à* (convaincre …).	*muss darin bestehen*
Il se pose la question de savoir pourquoi …	*es stellt sich die Frage, warum …* 15
Le vrai problème est que …	*das eigentliche Problem*
Cela implique que …	*das setzt voraus, dass …*
Supposons que … (+ subj.)	*nehmen wir einmal an, dass …*
On pourrait *supposer* que … (+ subj.)	*annehmen, vermuten*
• *Ce qui me frappe, c'est que …*	*was mir auffällt* 20
Ce qui me frappe surtout, particulièrement, en particulier, c'est le fait que …	*besonders*
Ce qui est étrange, c'est le fait que …	*seltsam, sonderbar*
On pourrait encore aller plus loin en disant que …	25
L'auteur donne l'impression d'être objectif. Le texte	*den Eindruck vermitteln*
L'auteur *produit* chez le lecteur *l'impression* que …	*den Eindruck hervorrufen*
Il n'est pas nécessaire d'*entrer dans les détails.*	*auf Einzelheiten eingehen*
Il en résulte que …	*daraus ergibt sich/folgt, dass …* 30
On peut en conclure que …	*man kann daraus schließen, dass …*
Toujours est-il que …	*jedenfalls steht fest, dass …*

6.6. Wortschatz zum Textzusammenhang

6.6.1. Den Text gliedern

- Pour commencer, | *il convient* de résumer le texte.   *es empfiehlt sich*
  | *il convient* d'aborder le problème de …   *es ist angebracht*
  | Je voudrais | commencer par | résumer le texte.   5
  | J'aimerais | | aborder le problème de …

- | Maintenant, | il convient | d'analyser (le comportement de …).
- | A présent, | | de passer à l'analyse de …
- | | | d'examiner la question …
  | Analysons | maintenant | (le comportement de …).   10
  | Passons | à présent | à l'analyse de …
  | Examinons | | la question de savoir pourquoi …

- | Pour conclure, | je voudrais dire que …
- | Pour terminer, |

6.6.2. Auf Textstellen verweisen   15

- J'ai déjà dit *plus haut* que …   *weiter oben*
  Comme je l'ai déjà dit, …
  Je voudrais revenir sur un point
  | dont j'ai déjà parlé plus haut.
  | que j'ai déjà mentionné plus haut.   20
- Je reviendrai *plus loin* | sur ce point.   *weiter unten*
  | sur cette question.
  | sur le problème de …
  Je ne vais *traiter* cette question que *brièvement*.   *kurz behandeln*

  Avant de passer à l'analyse de …   25
  | je voudrais | brièvement parler de …
  | j'aimerais |

  Après avoir analysé (le comportement de …)
  | je voudrais | passer à …
  | j'aimerais | aborder le problème de …   30

  Pour illustrer (l'attitude de …), prenons un exemple.
  Pour bien comprendre (la situation actuelle),
  citons à titre d'exemple …   *als Beispiel nennen*

  Entrons dans les détails (de ce problème).
  Rappelons (la position de l'auteur à l'égard de …).   *vergegenwärtigen wir uns* 35

6.6.3. Die Reihenfolge angeben

- | D'abord, …
  | Tout d'abord, …
  | Au début, …

- | Ensuite, …   5
- | Puis, …
- | Après cela, …

- | *De plus, …* ⎫
  | *En outre, …* ⎭   *außerdem*

  A cela s'ajoute (le problème du chômage).   *hinzu kommt* 10
  A cela s'ajoute le fait que …   *hinzu kommt die Tatsache, dass* …
- Il faut *ajouter* que …   *hinzufügen*

- | *Enfin, …* ⎫
- | *Finalement, …* |
- | *A la fin, …* ⎬
- | *Pour finir, …* | *zum Schluss* 15
  | *Pour résumer, …* ⎭

6.6.4. Seinen Standpunkt erläutern / präzisieren

- | C'est-à-dire …
- | C'est-à-dire que …   20
  Je veux dire par là que …   *ich will damit sagen*

- | *Cela veut dire que …* ⎫
- | *Cela signifie que …* ⎭   *das heißt/das bedeutet, dass* …
- | *Cela ne veut pas dire que …* ⎫
- | *Cela ne signifie pas que …* ⎭   *das heißt nicht, dass* … 25

  Autrement dit: …   *anders ausgedrückt*
  | *En d'autres mots:* … ⎫
  | *En d'autres termes:* … ⎭   *mit anderen Worten*

  Je dirais plutôt que …   *eher, vielmehr*

6.6.5. Zeitangaben machen

6.6.5.1. Gegenwart

- aujourd'hui
- maintenant
- | *en ce moment*   *im Augenblick, gegenwärtig, zur Zeit*
  | *à présent*   *gegenwärtig, zur Zeit, jetzt*
- | *actuellement*   *zur Zeit*
  | *à l'heure actuelle*   *gegenwärtig*
  pour l'instant   *vorerst*
  | *à notre époque* ⎫
  | *de nos jours*   ⎬   *heutzutage*   ⁵

dans le présent   *in der Gegenwart*
    Nous vivons dans le présent.

- | *jusqu'à maintenant* ⎫
  | *jusqu'à présent*   ⎪
  | *Jusqu' à aujourd'hui* ⎬   *bis jetzt, bis heute*   ¹⁰
  | *jusqu'ici*   ⎭
- *à partir d'aujourd'hui*   *von jetzt an*

6.6.5.2. Vergangenheit

- *à cette époque-là*   *in jener Zeit, damals*
- *à l'époque de* (Napoléon)   *zur Zeit von* ¹⁵
- *il y a* (100) *ans*
- *au* (XIXe) *siècle*

- *ces dernières années*   *in den letzten Jahren*
  ces (10) *dernières années*
  ces derniers temps   *in letzter Zeit* ²⁰
- *dans les années* (60)   *in den (sechziger) Jahren*

- *autrefois*   *früher, einst*
  dans le passé   *in der Vergangenheit*
      Dans le passé, ces problèmes n'existaient pas.

- *ce jour-là*   *an jenem Tag* ²⁵
- *à ce moment-là*   *in diesem Augenblick*
- jusqu'à ce moment-là
- à partir de ce moment-là

- *la veille*   *am Tag vorher*
-    *la veille de son départ*   *am Tag vor seiner Abreise* ³⁰

• *le lendemain*	*am folgenden Tag, am Tag danach*
• *le lendemain de son arrivée*	*am Tag nach seiner Ankunft*

• *la semaine précédente*	*in der Woche davor*
l'année précédente	*im Jahr davor*
• *la semaine suivante*	*in der Woche danach* 5
l'année suivante	*im Jahr danach*

- | *deux semaines* | *plus tard* |
- | *trois jours* | *après* |
  peu de temps après   *später*

kurz danach

6.6.5.3. Zukunft 10

• *à l'avenir*	*in der Zukunft*
dans les années à venir	*in den kommenden Jahren*

6.6.6. Den Grund angeben

- | *c'est pourquoi*
  | *à cause de cela* }   *daher, deswegen* 15
  | *c'est à cause de cela que …*

- | *pour cette raison*
  | *c'est pour cette raison que …* }   *aus diesem Grund*

- *c'est la raison pour laquelle …*   *das ist der Grund, warum …*
  pour la même raison   *aus demselben Grund* 20
- *pour des raisons (politiques)*   *aus politischen Gründen*
  la raison pour laquelle …   *der Grund, warum …*
  les raisons pour lesquelles …   *die Gründe, warum …*

- *la raison de (ce développement) est que …*   *der Grund für*
- *la raison en est que …*   *der Grund dafür ist, dass …* 25
- une des raisons de (ce *développement*) est que …   *Entwicklung*
  une des raisons en est que …
  | Les raisons de (ce développement) sont | *multiples.*   *vielfältig*
  | Les raisons en sont | *les suivantes: …*

| *La cause profonde* | *de* (la révolte) | *est …*   *der tiefere Grund für* 30
| *Les causes profondes* | | *sont …*
  La cause en est que …   *der Grund dafür ist, dass …*
  Les causes en sont: …

- *à cause de* qc   *wegen* 35
    à cause de la guerre
  en raison de qc   *aufgrund, in Anbetracht*
    en raison des événements politiques

6.6.7. Die Folge ausdrücken

- $\left.\begin{array}{l}ainsi \\ c\text{'}est\ ainsi\ que\end{array}\right\}$ *so, auf diese Weise*
- par conséquent   *infolgedessen*
- $\left.\begin{array}{l}de\ cette\ façon \\ de\ cette\ manière\end{array}\right\}$ *auf diese Weise*
- donc   *also*
- La *conséquence* de (cette mesure) est que …   *Folge*
- *La conséquence en est que …*   *die Folge davon ist, dass …*
- *… a pour conséquence que …*   *… hat zur Folge, dass …*
- La conséquence qu'*entraîne* (cette mesure) est que …   *nach sich ziehen*
- *Il en résulte que …*   *daraus folgt, dass …*

6.6.8. Den Gegensatz ausdrücken

- mais
- *par contre*   *dagegen*
  Par contre, on peut dire que …
  pourtant   *dennoch, trotzdem*
  On peut pourtant dire que …
- *quand même*   *dennoch, trotzdem*
  On peut dire quand même que …
  cependant   *dennoch, trotzdem*
  On peut cependant dire que …
- *au contraire*   *im Gegenteil*
  Il n'a pas menti, au contraire, il a dit la vérité.
  contrairement à   *im Gegensatz zu*
  Contrairement aux Français, …
- *au contraire de*   *im Gegensatz zu*
  Au contraire des Français, …
- *à la différence de*   *im Unterschied zu*
  A la différence des Français, …

6.6.9. Weitere Ausdrücke zum Textzusammenhang

- $\left.\begin{array}{ll}dans\ le\ domaine & \text{(politique)} \\ dans\ le\ secteur & \text{(culturel)} \\ dans\ le\ domaine & \text{de (la presse)} \\ dans\ le\ secteur & \end{array}\right\}$ *im … Bereich*

$\left|\begin{array}{l}sur\ le\ plan\ (social) \\ sur\ le\ plan\ \text{(des relations internationales)}\end{array}\right.$ *in (sozialer) Hinsicht*
                                        auf der Ebene, hinsichtlich
- *du point de vue (social)*   *vom (sozialen) Standpunkt aus*
- *du point de vue (des jeunes)*   *vom Standpunkt (der Jugendlichen) aus*
  de ce point de vue   *aus dieser Sicht*

à cet égard	*in dieser Hinsicht*
• *par rapport à*	*im Vergleich/Verhältnis zu*
par rapport (à ses moyens financiers)	
par rapport (aux pays africains)	
• *en ce qui concerne* qc/qn	*hinsichtlich, was … betrifft* 5
en ce qui concerne (les problèmes des immigrés)	
en ce qui me concerne	*was mich betrifft*
concernant qn/qc	*bezüglich, betreffend*
les activités concernant les paysans	
• *quant à*	*was … betrifft* 10
• quant (aux problèmes des immigrés)	
|*quant à moi*, je …	*ich meinerseits,*
|*pour ma part*, je …	*was mich betrifft*
|*d'une part …, d'autre part …*	*einerseits …, andererseits …*
|*d'un côté …, de l'autre côté …*	15
en théorie …, |mais *en réalité …*	*in der Theorie*
|mais *en pratique …*	*in der Praxis*
théoriquement …, mais pratiquement …	*theoretisch …, aber praktisch*
• |*en général*	*im Allgemeinen, gewöhnlich* 20
• |*généralement*	
d'une manière générale, on peut dire que …	*ganz allgemein*
• |*en tout cas*	*auf jeden Fall,*
|*de toute façon*	*auf alle Fälle*
dans ce cas-là	*in diesem Fall* 25
dans le cas présent	*im vorliegenden Fall*
• |*bref*	*mit einem Wort/*
• |*en un mot*	*kurzum*
• *au fond*	*im Grunde, eigentlich*
dans un certain sens	*in gewisser Weise* 30
dans ce sens	*in dieser Hinsicht*
en quelque sorte	*gewissermaßen, sozusagen*
à vrai dire	*um die Wahrheit zu sagen*
pour parler ouvertement	*offen gesagt*
à proprement parler	*genau genommen* 35
quoi qu'il en soit	*wie dem auch sei*

7. DISKUSSIONSWORTSCHATZ

- | Je pense que …
- | Je crois que …
- | Je suis d'avis que …
- | Je trouve que …
- | Je ne pense pas que … (+ *subj.*)
- | Je ne crois pas que … (+ *subj.*)

- A mon avis, …
- J'ai l'impression que …

| *Autant que je sache, …* \
| *D'après ce que je sais, …* }   *soviel ich weiß*
D'après ce qu'on m'a dit, …
Si je ne me trompe, …
Si je me rappelle bien, …

- Je suis convaincu(e) que …
  Je suis | sûr(e) | que …
         | certain(e) |
- Je ne suis pas | sûr(e) | si …
            | certain(e) |
- Je ne sais pas exactement si …/pourquoi …/quand …
- Je me demande si … / pourquoi…/quand …
- Je ne comprends pas pourquoi …

- Qu'est-ce que tu penses de …?
  | Quel est ton avis sur …?
  | Quelle est ton opinion sur …?

- Je suis d'accord | avec toi sur ce point.
                 | sur ce que tu dis au sujet de …
                 | là-dessus.
  C'est | juste | ce que | X dit | au sujet de …
       | vrai | | tu dis |
  Là, tu as raison.
  Je trouve que X a tout à fait raison de dire que …
  Je suis tout à fait de ton avis en ce qui concerne …
- Je suis du même avis que toi.

- Je ne suis pas d'accord | avec toi sur ce point.
                     | sur ce que tu dis au sujet de …
                     | là-dessus.

Ce n'est pas | juste | ce que | X dit | au sujet de ...
           | vrai | | tu dis |

Je trouve que c'est faux | de dire que ...
                    | de croire que ...

C'est une *erreur* de croire que ...   *Irrtum*   5

Je trouve que X a tort de dire que ...

Je ne suis pas de ton avis en ce qui concerne ...

Je ne suis pas du même avis que toi.

- Je voudrais dire que ...
- Je voudrais seulement dire que ...   10
- Je voulais dire la même chose.
- *C'est ce que je voulais dire aussi.*   *das wollte ich auch sagen*

Comme je l'ai déjà dit, ...

- Il faut dire que ...
- Il faut souligner que ...   15
- Il faut ajouter que ...
- Il faut se demander pourquoi ...
- Il ne faut pas oublier que ...

Il faut aussi mentionner que ...

Il faut *tenir compte du fait que* ...   *berücksichtigen, dass* ... 20

Je voudrais *mettre au point* ce que tu viens de dire   *richtigstellen*
                                          au sujet de ...

Il y a une *contradiction* dans ce que tu viens de dire.   *Widerspruch*

Je voudrais revenir | sur ce que X a dit.
                    | sur ce que tu as dit au sujet de ...   25
                    | sur un point que tu as mentionné tout à l'heure.

Je voudrais *soutenir* ce que X a dit.   *unterstützen*

- Je voudrais ajouter un autre point.

Je voudrais *aborder* un autre problème.   *anschneiden*

Je voudrais attirer votre attention sur le fait que ...   30

- Il est évident que ...

Il *va sans dire que* ...   *es versteht sich von selbst, dass* ...

Il *en est de même pour* ...   *genauso verhält es sich mit*

Cela revient au même.   *das läuft aufs Gleiche hinaus*

C'est pareil pour ...   *das ist genauso bei* 35

- | *Ce n'est pas pareil.* ⎫
- | *C'est différent.*   ⎬   *das ist nicht dasselbe*
- | *C'est autre chose.* ⎭

Cela n'a rien à voir avec ...   *das hat nichts zu tun mit*

Cela ne sert à rien de (*critiquer* ...).   *das nützt nichts* 40

Il ne s'agit pas de (critiquer …).

| *Le principal est que … (+ subj.)* | das Wichtigste ist, dass … |
| *L'essentiel est que … (+ subj.)* |

- Ce qui est important, c'est que … (+ *subj.*)
  Ça n'a pas d'importance.   5

Ce n'est pas ça le problème.   das ist nicht das Problem
- | *Le problème* | *est de savoir si …*   das Problem ist, ob …
  | *La question* | die Frage ist, ob …

- | *C'est-à-dire …*
- | *C'est-à-dire que …*   10
- | *Cela veut dire que …*
- | *Cela signifie que …*
  Je veux dire par là que …   ich will damit sagen, dass …
- | *Cela ne veut pas dire que …*
- | *Cela ne signifie pas que …*   15
  Je dirais plutôt que …
  Comment dirais-je?   wie soll ich sagen?
  Autrement dit: …   anders ausgedrückt
  | *En d'autres mots: …*   mit anderen Worten
  | *En d'autres termes: …*   20

- | *Que veut dire «…»?*
  | *Quel est le sens de «…»?*   was bedeutet …?
- | *Qu'est-ce que tu veux dire par «…»?*
- | *Qu'est-ce que tu entends* | *par «…»?*   was verstehst du unter …?
  | | *par là?*   25
- Est-ce que tu pourrais m'expliquer …?

- | *Ce qui me frappe, c'est que …*   was mir auffällt
  | *Ce qui me frappe en particulier, c'est le fait que …*

  | *Pour cette raison, …*
- | *C'est pour cette raison que …*   aus diesem Grund   30
- *La raison pour laquelle …*   der Grund, warum …
- *La raison en est que …*   der Grund ist, dass …

- *C'est ainsi que …*   so, auf diese Weise
  Par conséquent, …   infolgedessen
- | *De cette façon, …*
- | *De cette manière, …*   auf diese Weise   35
- *La conséquence en est que …*   die Folge ist, dass …
  Il en résulte que …   daraus folgt, dass …

- *Par contre, …*   *dagegen*
  Contrairement à ce qu'on dit …   *im Gegensatz zu*
- *A la différence de …*   *im Unterschied zu*

- *En ce qui concerne* (le problème de la pollution), … ⎫
  Quant à (la pollution), … ⎭   *was … betrifft*   5
- *Quant à moi, je …* ⎫
- *En ce qui me concerne, je …* ⎬   *ich meinerseits,*
- *Pour ma part, je …* ⎭   *was mich betrifft*
  D'une part …, d'autre part … ⎫
- *D'un côté …, de l'autre côté …* ⎭   *einerseits …, andererseits …*   10
  En théorie …, mais en réalité …   *in der Theorie …, in Wirklichkeit*
  Théoriquement …, mais pratiquement …   *theoretisch …, aber praktisch*

- *Dans le domaine* (politique), … ⎫
- *Dans le secteur* (de la presse), … ⎭   *im Bereich*   15

  Sur le plan (social), …   *in (sozialer) Hinsicht*
- *Du point de vue (social), …*   *vom (sozialen) Standpunkt aus*
- *Du point de vue (des jeunes), …*   *vom Standpunkt (der Jugendlichen) aus*

  A cet égard, …   *in dieser Hinsicht*
  Par rapport à …   *im Vergleich/Verhältnis zu* 20

- En général,   on peut dire que …
  Généralement,
  D'une manière générale,

- En tout cas, …   *auf jeden Fall*
  De toute façon, …   *auf alle Fälle* 25
  Dans ce cas-là, …   *in diesem Fall*

  Bref, …   *kurzum /*
  En un mot, …   *mit einem Wort*

- *Au fond, …*   *im Grunde*
  Dans un certain sens, …   *in gewisser Weise* 30
  Dans ce sens, …   *in dieser Hinsicht*
  En quelque sorte, …   *gewissermaßen*
  A première vue, …   *auf den ersten Blick*
  A vrai dire, …   *um die Wahrheit zu sagen*
  Pour parler ouvertement, …   *offen gesagt* 35
  A proprement parler, …   *genau genommen*

Deutsch-französisches Stichwortverzeichnis

Dieses Verzeichnis enthält nur die wichtigsten Stellenangaben. Die Ziffern verweisen auf die Seiten, auf denen das Stichwort vorkommt.

A

abfassen: rédiger 47
abgehackt: saccadé,e 43
abgestimmt – ~ sein auf: être adapté,e à 48
Ablauf: déroulement (*m*) 13
ablehnen: refuser 20
Abneigung: aversion (*f*) 15;
　　~ empfinden: éprouver de l'aversion 15
abschwächen: atténuer 42, 56, affaiblir 52
Abschwächung: atténuation (*f*) 59
Absicht: intention (*f*) 29
abspielen – sich ~ : se dérouler 13
abstrakt: abstrait, e 42, 54
absurd: absurde 13, 37
Absurdität: absurdité (*f*) 13
abwälzen – etw. ~ auf: rejeter qc sur 52
abwechselnd – etw. ~ verwenden: faire
　　alterner qc 56
abwechslungsreich: varié,e 53
abweichend: divergent,e 18
Achtsilber: octosyllabe (*m*) 38
Adjektiv: adjectif (*m*) 58
Adverb: adverbe (*m*) 57, 58
affektiv: affectif,ve 50
aggressiv: agressif,ve 14, 46
Akkordeon: accordéon (*m*) 46
Aktiv: actif (*m*) 59
akzeptieren: accepter 19
allgemein – ganz ~ : d'une façon générale 64,
　　d'une manière générale 71;
　　im Allgemeinen: en général 71,
　　généralement 63, 71
Alexandriner: alexandrin (*m*) 38
also: donc 70
Anapher: anaphore (*f*) 42, 61
anaphorisch: anaphorique 61
anbahnen – sich ~ : se nouer 33
Anbetracht – in ~ : en raison de 69
andere – mit anderen Worten: en d'autres
　　mots 67, 74, en d'autres termes 67, 74
anders – ~ ausgedrückt: autrement dit 67, 74
aneinander gereiht: juxtaposé,e 50, 53
Anekdote: anecdote (*f*) 30
anerkennen: reconnaître 19, 52
anfechtbar: discutable 27, contestable 18
Angaben: les données (*f*) 49
angeben: indiquer 21, 55; genau ~ : préciser 13
angebracht – es ist ~ : il convient de f. qc 66
Angeklagter: accusé (*m*) 16

angreifen: attaquer 52
Anhäufung: accumulation (*f*) 56, 60
ankommen – worauf es ankommt, ist, dass …:
　　ce qui est important, c'est que … 65,
　　ce qui importe, c'est que … 65
ankündigen: annoncer 30
Annahme: hypothèse (*f*) 27; eine ~ äußern:
　　formuler une hypothèse 27
annehmen: supposer 65; nehmen wir einmal
　　an, dass …: supposons que … 65
Anordnung: disposition (*f*) 39
anpassen: adapter 43; sich ~ : s'adapter 31
anregen: inciter 51
Anrufung: invocation (*f*) 61
anschaulich: concret, ète 53
anschneiden – ein Thema ~ : aborder un
　　thème 9; ein Problem ~ : aborder un
　　problème 73
anspielen – ~ auf: faire allusion à 23, 42, 55, 61
Anspielung: allusion (*f*) 42, 61
Ansprache: discours (*m*) 51; Fernsehansprache:
　　discours télévisé 51; Rundfunkansprache:
　　discours radiodiffusé 51
Anstoß – ~ erregen: choquer 42
Antipathie: aversion (*f*) 20
Antithese: antithèse (*f*) 41, 61
antithetisch: antithétique 53, 61
Antonym: antonyme (*m*) 56
antreiben: inciter 29, 52
Antwort: réplique (*f*) 34
Appel – einen ~ richten an: lancer un appel à 24
appellativ: appellatif,ve 53
Appellcharakter: caractère (*m*) d'appel 59
appellieren – ~ an: faire appel à 10, 24, 29
Argument: argument (*m*) 27; ein ~ vorbringen:
　　présenter un argument 27, avancer un
　　argument 27
Argumentation: argumentation (*f*) 27,
　　raisonnement (*m*) 27
argumentieren: argumenter 27
arrogant: arrogant,e 14
Art: type (*m*) 56
Aspekt: aspect (*m*) 14
Assoziation: association (*f*) 53
　　negative Assoziationen hervorrufen: évo-
　　quer des associations négatives 53
Atmosphäre: atmosphère (*f*) 13; ambiance (*f*) 13
Aufbau: composition (*f*) 10
auffallen – was mir auffällt, ist, dass …: ce qui
　　me frappe, c'est que … 65, 74
Auffassung: conception (*f*) 18
auffordern: inviter 29
aufgrund: en raison de 69
aufhalten: retarder 33

auflösen – sich ~ : se dénouer 33
aufmerksam – darauf ~ machen, dass …: signa-
    ler que … 22
Aufmerksamkeit – die ~ lenken auf: attirer
    l'attention sur 24
Aufsehen – ~ erregen: faire sensation 48
auftreten: entrer en scène 33; ~ lassen:
    mettre en scène 33
Auftreten: entrée (f) en scène 33
aufzählen: énumérer 27, 41, 60
Aufzählung: énumération (f) 41, 60
aufzwingen: imposer 52
Augenblick – im ~ : en ce moment 68,
    à présent 68, actuellement 68,
    à l'heure actuelle 68; in diesem ~ :
    à ce moment-là 68
ausdenken – sich ~ : imaginer 12
Ausdruck: expression (f) 60, terme (m) 24;
    zum ~ bringen: exprimer 24, traduire 24;
    eigentlicher ~ : terme (m) propre 42;
    stereotyper ~ : expression (f) stéréotypée 55;
    unpersönlicher ~ : expression (f) imperson-
    nelle 60; bildlicher ~ : expression (f)
    métaphorique 41, 60; Fachausdruck:
    terme (m) technique 55
ausdrücken: exprimer 17, 21, 40, 55, traduire 40;
    anders ausgedrückt: autrement dit 67, 74
Ausdruckskraft: vigueur (f) 57
ausführen: développer 11
ausführlich: détaillé,e 49
Ausgang: dénouement (m) 13, 44
Ausgangspunkt: point (m) de départ 25, 32
Auskunft – ~ erteilen über: donner des ren-
    seignements sur 23
Auslassungszeichen: les points (m) de suspen-
    sion 57
auslösen – eine Schockwirkung ~ : produire un
    effet de choc 30
Ausruf: exclamation (f) 41, 54, 61
Ausrufezeichen: les points (m) d'exclamation 57
Aussage: déclaration (f) 21, énoncé (m) 42
außerdem: de plus 67, en outre 67
Äußere: physique (m) 17, aspect (m) physique
    17
außerirdisch: extra-terrestre 31
äußern: exprimer 17; sich ~ zu: s'exprimer
    sur 11, 18, exprimer ses idées personnelles
    sur 18; sich ~ zugunsten: s'exprimer en
    faveur de 20; sich ~ gegen: s'exprimer
    contre 21
aussprechen – sich ~ für: se prononcer pour 20
    sich ~ gegen: se prononcer contre 21
austauschen – sich ~ mit: communiquer avec 16
auszeichnen – sich ~ durch: se caractériser par
    22, 48
Auszug: extrait (m) 9

autobiographisch: autobiographique 12, 30
Autor: auteur (m) 10
autoritär: autoritaire 14
Aversion: aversion (f) 20

B

Balkenüberschrift: gros titre (m) 47
banal: banal,e 40
Banalität: banalité (f) 36, 55
basieren – ~ auf: être basé,e sur 18
Bau: construction (f) 37
beachten – eine Regel ~ : respecter une
    règle 33
Bedenken – gegen etw. ~ äußern: exprimer ses
    réserves 21
bedenken – man muß ~, dass …: il faut noter
    que … 64
bedeuten: signifier 46, 55; das bedeutet,
    dass …: cela signifie que … 67, cela veut
    dire que … 67; was bedeutet …? que veut
    dire …? 74, quel est le sens de …? 74,
    qu'est-ce que tu veux dire par …? 74
Bedeutung: importance (f) 24, 65; eine große
    ~ beimessen: attacher une grande importance
    à qc 24; ~ : sens (m) 41, signification
    (f) 56; symbolische ~ : sens symbolique
    41, signification symbolique 56; in
    wörtlicher ~ : au sens propre 56; in über-
    tragener ~ : au sens figuré 56; etw. hat
    eine herabsetzende ~ : qc a un sens péjoratif
    56; etw. ist ohne ~ : qc n'a pas d'impor-
    tance 65, qc n'a aucune importance 65
Bedürfnis: besoin (m) 15
beeindrucken: impressionner 16
beeinflussen: influencer 29
beginnen – ~ mit: commencer par 11
begleiten (Musik): accompagner 46
Begleitung (Musik): accompagnement (m) 46
begreiflich – ~ machen: faire comprendre 22, 29
begründen: justifier 18, 27
begründet: fondé,e 18, 27
behandeln: traiter 16; ein Thema ~ : traiter un
    sujet 9; kurz ~ … traiter brièvement 66
behaupten: affirmer 11, 22, 26, prétendre 22,
    50
Behauptung: affirmation (f) 27, 50
beherrschen: dominer 14; … wird beherrscht
    von: … est dominé par 14
beigeordnet: juxtaposé,e 56, coordonné,e 56
beinhalten: impliquer 55
Beiordnung: parataxe (f) 57, coordination (f) 57
Beispiel: exemple (m) 23; mehrere Beispiele
    anführen: citer plusieurs exemples 23; eine
    Reihe Beispiele: une série d'exemples 23, 35;
    als ~ nennen: citer en exemple 23; etw. als
    ~ nennen: citer qc à titre d'exemple 66

beitragen – ~ zu: contribuer à 38

bejaht: affirmatif,ve 60: bejahte Form: forme
(f) affirmative 60

bemerken: remarquer 22

Bemerkung: remarque (f) 22

beobachten: observer 22

Beobachtung: observation (f) 22

Bereich: domaine (m) 70, 75, secteur (m) 70,
75; im politischen ~ : dans le domaine politique 70, dans le secteur politique 70

Bericht: récit (m) 30, compte rendu (m) 12,
48, rapport (m) 48, exposé (m) 48

berichten: rapporter 47, faire le récit de 23;
~ dass: dire que 23, raconter que 23

berücksichtigen: prendre en considération 28;
~ , dass …: tenir compte du fait que … 28, 73

beruhen – ~ auf: être basé,e sur 23, 36, être
fondé,e sur 36, reposer sur 35

beschreiben: décrire 22, dépeindre 22

beschreibend: descriptif,ve 34

Beschreibung: description (f) 22

beschuldigen: accuser 21

besonders: surtout 65, particulièrement 65,
en particulier 65

bestätigen: confirmer 27

bestehen – etw. besteht aus: qc se compose de 10,
qc consiste en 38, qc est formé de 38,
qc est constitué de 38; etw. besteht darin,
dass …: qc consiste dans le fait que … 12,
35; ~ in: résider dans 36; auf etw. ~ :
insister sur qc 24

bestreiten: contester 20, 52

betitelt: intitulé,e 9

betonen: souligner 24, 55, 64, mettre qc en
relief 24, mettre l'accent sur 24; man
muss ~ , dass …: il faut souligner que …
64, il faut insister sur le fait que … 64

betrachten – wenn man etw. näher betrachtet:
si l'on regarde qc de plus près 64,
en y regardant de plus près 64

betreffen: concerner 23, 35; was … betrifft:
en ce qui concerne 71, 75, quant à 71,
75; was mich betrifft: quant à moi 71, 75,
en ce qui me concerne 71, 75, pour ma
part 71, 75

betreffend: concernant 71

beurteilen – jdn positiv ~ : porter un jugement
positif sur 19; jdn negativ ~ : porter un
jugement négatif sur 20

Beweggrund: mobile (m) 16

Beweis – etw. unter ~ stellen; faire preuve de qc
24; Beweise liefern für: donner des preuves de 25

beweisen: prouver 25

bewusst – sich ~ sein: se rendre compte 28,
être conscient,e 28

bezeichnen: désigner 42, 55

beziehen – sich ~ auf: se rapporter à 23

Beziehung: rapport (m) 26; eine ~ herstellen:
établir un rapport 26; etw. in ~ setzen:
mettre qc en rapport 26; die zwischen-
menschlichen Beziehungen: les rapports
humains 31

bezüglich: concernant 71

Bilanz: bilan (m) 11

Bild: image (f) 40, 60

bilden: constituer 11, 24; etw. bildet die Ein-
leitung: qc constitue l'introduction 11

bilderreich: riche en images 40, imagé,e 42

bildlich: métaphorique 41, 60; bildlicher Ausdruck: expression (f) métaphorique 41, 60

billigen: approuver 19

Blick – auf den ersten ~ : à première vue 75

Botschaft: message (m) 40

bringen – mit sich ~ : entraîner 31

Bruch: rupture (f) 37

brutal: brutal,e 15

C

Chanson: chanson (f) 45; poetisches ~ :
chanson poétique 45; gesellschafts-
kritisches ~ : chanson engagée 45

Charaktereigenschaft: trait (m) de caractère 14

Charakterzug: trait (m) 34, trait de caractère 14

charakterisieren: caractériser 22

Comic: bande (f) dessinée 32

D

dagegen: par contre 70, 75

daher: c'est pourquoi 69, à cause de cela 69

damals: à cette époque-là 68

danach – in der Woche ~ : la semaine suivante 69;
kurz ~ : peu de temps après 69

darlegen: exposer 11, présenter 18, 22

darstellen: présenter 18, 22, évoquer 22;
(eine Person) ~ : représenter 34

Darstellung: image (f) 22

dasselbe – es ist ~ bei: c'est pareil pour 64;
das ist nicht ~ : ce n'est pas pareil 73,
c'est diffrent 73, c'est autre chose 73

davor – in der Woche ~ : la semaine précédente
69

definieren: définir 56

Definition: définition (f) 56

dennoch: pourtant 64, 70, quand même 70,
cependant 70

deskriptiv: descriptif,ve 53

deswegen: c'est pourquoi 69, à cause de cela 69

deuten: interpréter 26

deutlich – ~ machen: préciser 64; sich ~ ausdrücken: s'exprimer nettement 48

F

Fabel: fable *(f)* 44
Fabeldichter: fabuliste *(m)* 45
fähig: capable 31
Fähigkeit: capacité *(f)* 17
Fall – auf jeden ~ : en tout cas 71, 75; auf alle
    Fälle: de toute façon 71, 75; in diesem ~ :
    dans ce cas-là 71, 75; im vorliegenden ~ :
    dans le cas présent 71
falsch: faux, fausse 63, inexact, e 21
fehlen – jdm fehlt es an …: qn manque de 15
Fehlen: absence *(f)* 39, 57, manque *(m)* 54, 57
Fehler: défaut *(m)* 35, vice *(m)* 35
feierlich: solennel, le 42
feindlich: hostile 13
Feindschaft: hostilité *(f)* 13
feststehen – jedenfalls steht fest, dass …: tou-
    jours est-il que … 65
feststellen: constater 22
Feststellung: constatation *(f)* 22, 56
Flöte: flûte *(f)* 46
Folge: conséquence *(f)* 16, 28, 70; die Folgen
    tragen: subir les conséquences 16; dies hat
    zur ~ : cela a pour conséquence 28, 70;
    die ~ davon ist: la conséquence en est 28,
    70, 74; das hat zur ~, dass …: cela a pour
    conséquence que … 70; schlimme Folgen
    nach sich ziehen: entraîner de graves consé-
    quences 28
folgen – dem Satz folgt …: la phrase est suivie
    de 57; daraus folgt, dass …: il en résulte
    que … 65, 70, 74
folgern: conclure 27
Frage: question *(f)* 65, interrogation *(f)* 60;
    direkte ~ : interrogation directe 60;
    indirekte ~ : interrogation indirecte 60;
    eine ~ stellen: poser une question 65;
    die ~ ist, ob …: la question est de savoir si
    … 74; es stellt sich die ~ , warum …: il se
    pose la question de savoir pourquoi … 65;
    etw. in ~ stellen: remettre qc en question
    20, contester 20
Frageform: forme *(f)* interrogative 60
Fragesatz: proposition *(f)* interrogative 58
Freude: joie *(f)* 43
früher: autrefois 68
Fülle: abondance *(f)* 42, 43
Futur: futur *(m)* 59

G

gebildet: cultivé,e 51
gefühlsbetont: sentimental, e 14, 46
Gebrauch: emploi *(m)* 30
Gedanke: idée *(f)* 25, pensée *(f)* 25
Gedicht: poème *(m)* 37

gedrängt (Stil): concis,e 53
Gefühl: sentiment *(m)* 25, 34; ein ~ der Ein-
    samkeit: un sentiment de solitude 25
Gefühlsregung: émotion *(f)* 16
Gegenhandlung: contre-action *(f)* 13
Gegenrede: réplique *(f)* 34
Gegensatz: contraste *(m)* 36, 41, antithèse *(f)*
    41, 61, contraire *(m)* 56; im ~ zu: con-
    trairement à 63, 70, 75, au contraire de
    70; einen ~ bilden zu: contraster avec 41;
    im ~ stehen zu: contraster avec 64, être
    en contraste avec 64, être en opposition
    avec 64
Gegenteil: contraire *(m)* 45; im ~ : au con-
    traire 70
gegenüberstellen: opposer qc 26, mettre qc en
    opposition 26
Gegenwart – in der ~ leben: vivre dans le pré-
    sent 68
gegenwärtig: en ce moment 68, à présent 68,
    actuellement 68, à l'heure actuelle 68
gegliedert – etw. ist ~ in: qc est coupé en 38
Gegner: adversaire *(m)* 27
gegnerisch: adverse 52
Gehalt (Text): fond *(m)* 43
gehören – ~ zu: faire partie de 51
gekünstelt: recherché,e 36, 42
Gemütsbewegung: émotion *(f)* 16
genau: précis,e 21; genau genommen: à pro-
    prement parler 71, 75; das ist genauso
    bei: c'est pareil pour 73
Gesellschaftsschicht: couche *(f)* sociale 17
Gespräch: conversation *(f)* 48, entretien *(m)*
    48, communication *(f)* 36
Gesprächspartner: interlocuteur *(m)* 34
Gesprächspartnerin: interlocutrice *(f)* 34
Gesprächsteilnehmer: interlocuteur *(m)* 49
Geste: geste *(m)* 34
gewählt: choisi,e 42
gewissermaßen: en quelque sorte 71, 75
gewöhnlich: en général 71, généralement 71
Gitarre: guitare *(f)* 46
Glaubwürdigkeit: vraisemblance *(f)* 34
gleich: égal,e 38
gleichgültig: indifférent,e 15
Gleichgültigkeit: indifférence *(f)* 15
gleichmäßig: régulier,ère 43
Gliederung: composition *(f)* 10
Grafik: graphique *(m)* 49
grausam: cruel,le 14
greifbar: apparent,e 31
grob: rude 14, 16, 35
Großbuchstabe: majuscule *(f)* 50
Grund: raison *(f)* 27; der ~ dafür ist, dass …:
    la raison en est que … 28; im Grunde: au
    fond 65, 71, 75; aus diesem ~ : pour cette

raison 69, 74, c'est pour cette raison que
... 69; das ist der ~ , warum ...: c'est la
raison pour laquelle ... 69, 74; aus demselben ~ : pour la même raison 69; aus
politischen Gründen: pour des raisons politiques 69; der ~ für etw.: la raison de qc
69; der ~ dafür ist, dass ...: la raison en est
que ... 69, 74, la cause en est que ... 69;
der tiefere ~ für: la cause profonde de 69

H

Haltung: attitude (f) 18; eine kritische ~ ein-
nehmen: adopter une attitude critique 18
handeln – ~ von: traiter de 9; es handelt sich
um: il s'agit de 9; es handelt sich nicht
darum: il ne s'agit pas de f. qc 65, il n'est
pas question de f. qc 65
Handlung: action (f) 13, acte (m) 16
harmonisch: harmonieux,se 42, 46
hart: dur 14, rude 14, 35
häufig: fréquent,e 53
Häufigkeit: fréquence (f) 43
Hass: haine (f) 14
Hauptdarsteller: protagoniste (m) 33
Hauptgedanke: idée (f) principale 11, 25, idée
(f) essentielle 11, 25, idée (f) centrale 11
Haupthandlung: action (f) principale 32
Hauptperson: personnage (m) principal 14, 33;
personnage (m) central 14
Hauptsatz: principale (f) 57, proposition (f)
principale 57
Hauptteil: partie (f) principale 10
heftig: violent,e 20
heißen – das heißt, dass ...: cela veut dire que ...
67, cela signifie que ... 67; das heißt
nicht, dass ...: cela ne veut pas dire que ...
67, cela ne signifie pas que ... 67
heiter: gai,e 46
Held: héros (m) 33
Heldin: héroïne (f) 34
hell (Laut): clair,e 43
herabsetzend: péjoratif,ve 56
herausarbeiten: dégager 30
herrühren: provenir 13
hervorheben: souligner 24, mettre qc en relief
24, 38
hervorrufen: provoquer 25, 30, 36, évoquer
55
heutzutage: à notre époque 68, de nos jours 68
hinauslaufen – das läuft aufs Gleiche hinaus:
cela revient au même 65, 73
hinausschieben: retarder 33
Hinsicht – in dieser ~ : à cet égard 71, 75,
dans ce sens 71, 75; in sozialer ~ : sur le
plan social 70, 75

hinsichtlich: à l'égard de 18, sur le plan de
70, en ce qui concerne 71
Hintergrund: arrière-plan (m) 59
hinweisen – man muss darauf ~, dass ...: il faut
signaler que ... 22, 64
hinzufügen: ajouter 23, 67
hinzukommen – hinzu kommt ...: à cela
s'ajoute ... 67; hinzu kommt die Tatsache,
dass ...: à cela s'ajoute le fait que ... 67
Höhepunkt: point (m) culminant 33
Hörer: auditeur (m) 46
Humor: humour (m) 12
humorvoll: humoristique 12
Hypothese: hypothèse (f) 31

I

idealisieren: idéaliser 29, 51
identifizieren – sich ~ mit: s'identifier à / avec 19
identisch: identique 38
ideologisch: idéologique 52
Illusion: illusion (f) 16
Imperativ: impératif (m) 59
imperativisch: impératif,ve 53
Imperfekt: imparfait (m) 59
Indiz: indice (m) 31
Infinitiv: infinitif (m) 59
Infinitivkonstruktion: construction (f) infinitive
59
infolgedessen: par conséquent 70, 74
Informant: informateur (m) 47
Information: information (f) 23; Hinter-
grundinformation: information de
fond 48
Informationsquelle: source (f) d'information 47
informieren – ~ über: informer qn de / sur qc
23, donner des informations sur 23
Inhalt: contenu (m) 12, 43, 46
insgesamt: dans l'ensemble 64
intensiv: intense 13
Interpret: interprète (m) 45
interpretieren: interpréter 26, 45
Interview: interview (f) 48
interviewen: interviewer 48
Inversion: inversion (f) 58
Ironie: ironie (f) 12, 61
ironisch: ironique 12, 35, 61
irren – sich ~ : se tromper 63
Irrtum – einen ~ begehen: commettre une
erreur 63

J

Jahr – in den letzten Jahren: ces dernières années
68; in den sechziger Jahren: dans les
années 60 68

jedoch: pourtant 64

jetzt – bis ~ : jusqu'à maintenant 68, jusqu'à présent 68, jusqu'à aujourd'hui 68, jusqu'ici 68; von ~ an: à partir d'aujourd'hui 68

K

Kampf: lutte (f) 21
kämpfen – ~ für: lutter pour 20
Kapitel: chapitre (m) 11
Karikatur: caricature (f) 12, 36
Katastrophe: catastrophe (f) 33
kausal: causal,e 57; kausale Konjunktion: conjonction (f) causale 57
Kausalsatz: proposition (f) causale 57, 58
Kennzeichen: caractéristique (f) 22, 48
kennzeichnen: marquer 13, 41
Klang: tonalité (f) 44; Klangwirkung: effet (m) sonore 44
klar: clair,e 31; sich ~ ausdrücken: s'exprimer nettement 48; es ist ~ , dass …: il est évident que … 64, il va sans dire que … 64, 73, il va de soi que … 64
klarstellen: mettre au point 63, préciser 64
Klavier: piano (m) 46
Klischee: cliché (m) 25, idée (f) stéréotypée 25
klischeehaft – ~ gezeichnet: stylisé,e 34
knapp (Stil): concis,e 53
Knappheit (Stil): concision (f) 59
Knoten (Theater): nœud (m) 33
Komik: comique (m) 12, 35
komisch: comique 12, 36, bizarre 35
kommend – in den kommenden Jahren: dans les années à venir 69
Kommentar: commentaire (m) 26
Kommentator: commentateur (m) 48
kommentieren: commenter 23, 26
Komödie: comédie (f) 35
Komparativ: comparatif (m) 58
komplex: complexe 56
Komplexität: complexité (f) 56
kompliziert: compliqué,e 37
komponieren: composer la musique 45
Komponist: compositeur (m) 45
Konditional: conditionnel (m) 59
Konditionalsatz: proposition (f) conditionnelle 57, 58
Konflikt: conflit (m) 13, 34
Konfrontation: confrontation (f) 16
konfrontieren: confronter 16; jd ist konfrontiert mit: qn est confronté à 16
Konjunktion: conjonction (f) 58; beigeordnete ~ … conjonction de coordination 58; unterordnende ~ : conjonction de subordination 58

konkret: concret,ète 40, 42
Konsonant: consonne (f) 43
Korrespondent: correspondant (m) 47
Kraft: puissance (f) 31
Kriminalroman: roman (m) policier 30
Kritik: critique (f) 20, 37; seine ~ äußern: formuler sa critique 20
kritisch: critique 30, 51
kritisieren: critiquer 20
Kürze: brièveté (f) 22, 56
kurzum: bref 71, 75, en un mot 71, 75

L

lächerlich – jdn ~ machen: ridiculiser qn 37; sich ~ machen: se rendre ridicule 36
Länge: longueur (f) 22
langsam: lent,e 46, 56
Laster: vice (m) 35
laut: fort,e 46
Laut: sonorité (f) 43
Lautmalerei: onomatopée (f) 32, 44
lebendig: vif,ve 42
Lebendigkeit: vivacité (f) 54, mouvement (m) 54
lebhaft: intense 13, vif,ve 43, 46, 56; lebhafter werden: s'accélérer 43
Lebhaftigkeit: vivacité (f) 56
leicht: léger,ère 43
Leiden: souffrance (f) 15; die seelischen Leiden: les souffrances morales 15
leise: doux,ce 46
Leitartikel: éditorial (m) 48
Leitartikelschreiber: éditorialiste (m) 48
lenken – ~ auf: diriger sur 29
literarisch: littéraire 43
loben – etw. ~ : louer qc 19, 52; jdn ~ : faire l'éloge de qn 19
Logik: logique (f) 36
logisch: logique 27
losgelöst – etw. ist ~ von: qc est détaché de 38, 45
Lösung (Handlung): dénouement (m) 13, 33

M

machtlos: impuissant,e 31
manipulieren: manipuler 30
Maßnahme: mesure (f) 24
meinerseits – ich ~ : quant à moi 71, 75, pour ma part 71, 75
Meinung: avis (m) 17, opinion (f) 17; seine ~ äußern: donner son avis sur 17, donner son opinion sur 17, exprimer son opinion personnelle sur 17; nach ~ des Autors: d'après l'auteur 17, selon l'auteur 17; seiner ~ nach: à son avis 17; er ver-

tritt die ~ , dass …: il soutient l'opinion que … 17; seine ~ ändern: changer d'avis 17; jds ~ teilen: partager l'avis de qn 20

Melancholie: mélancolie *(f)* 43

melancholisch: mélancolique 46

Meldung – die Meldungen: les nouvelles *(f)* 48

Melodie: mélodie *(f)* 46

Menschenverstand – gesunder ~ : bon sens *(m)* 24

menschlich: humain,e 31, 44

Merkmal: caractéristique *(f)* 22

Metapher: métaphore *(f)* 41, 60

Milieu: milieu *(m)* 15; soziales ~ : milieu social 15, 17

Mischung: mélange *(m)* 54

missbilligen: désapprouver 20

missfallen: déplaire 42

Misstrauen: méfiance *(f)* 15, 16

Missverhältnis: disproportion *(f)* 57

Missverständnis: malentendu *(m)* 34

mitteilen: faire savoir 22; faire connaître 29

mobilisieren: mobiliser 52

Monolog: monologue *(m)* 30, 35; innerer ~ : monologue intérieur 30

monoton: monotone 43

Monotonie: monotonie *(f)* 38

Moral: morale *(f)* 44

Motiv: motif *(m)* 16, 34, 39

musikalisch: musical,e 42

Musikinstrument: instrument *(m)* de musique 46

N

nachahmen: imiter 35, 55, 56

nachdenken – ~ über: réfléchir à 25; wenn man über etw. richtig nachdenkt: si l'on réfléchit bien à qc 64

nachgestellt: postposé,e 58

nachprüfen: vérifier 23, 27

Nachprüfung: vérification *(f)* 23

Nachstellung: postposition *(f)* 58

Nachteil: inconvénient *(m)* 25

naiv: naïf,ve 14, 18

Naivität: naïveté *(f)* 15

narrativ: narratif,ve 54

Nebenhandlung: action *(f)* secondaire 32

nebensächlich: secondaire 17

Nebensatz: subordonnée *(f)* 57, proposition *(f)* subordonnée 57

Negation: négation *(f)* 60

negativ: négatif,ve 55

nennen: indiquer 21

Neugierde: curiosité *(f)* 30, 31

neutral: neutre 18, 54

Niveau: niveau *(m)* 17; geistiges Niveau: niveau intellectuel 17

Nomen: nom *(m)* 58

Notwendigkeit: nécessité *(f)* 20

Novelle: nouvelle *(f)* 30

nüchtern (Stil): sobre 42

nützen – es nützt nichts: cela ne sert à rien de f. qc 65, 73

O

oben – weiter ~ : plus haut 25, 66

oberflächlich: superficiel,le 16

Objekt: complément *(m)* d'objet 58

objektiv: objectif,ve 18

ohnmächtig: impuissant,e 31

optimistisch: optimiste 11

Opfer: victime *(f)* 15, 31; jd ist das ~ von etw.: qn est victime de qc 15

Orchester: orchestre *(m)* 46

Ortsadverb: adverbe *(m)* de lieu 58

Ortsbestimmung: complément *(m)* de lieu 58

P

paradox: paradoxal,e 50

parallel: parallèle 41, 61

Parallele: parallèle *(m)* 10; Parallelen ziehen: établir des parallèles 10

Parallelismus: parallélisme *(m)* 41, 57, 61

Parallelität: parallélisme *(m)* 37

Parodie: parodie *(f)* 12, 36

parodieren: parodier 36

Partei: parti *(m)* 20, 51; ~ ergreifen für: prendre parti pour 20; ~ ergreifen gegen: prendre parti contre 21; jds ~ ergreifen: prendre le parti de 20

parteiisch: partial,e 27

Partizip: participe *(m)* 59

Passiv: passif *(m)* 59

Passivität: passivité *(f)* 21

pathetisch: pathétique 54

personifizieren: personnifier 41, 61

Personifizierung: personnification *(f)* 41, 61

persönlich: personnel,le 50; jd. fühlt sich ~ angesprochen: qn se sent personnellement concerné 50

Persönlichkeit: personnalité *(f)* 31

Perspektive: perspective *(f)* 12

pessimistisch: pessimiste 11, 28

Pflicht: devoir *(m)* 34

Phantasie: imagination *(f)* 13

phantastisch: fantastique 12, 32

Phase: phase *(f)* 44

plausibel: plausible 27

Plural: pluriel *(m)* 59

Plusquamperfekt: plus-que-parfait *(m)* 59

poetisch: poétique 40

Schwermut: mélancolie *(f)* 43
Seelenzustand: état d'âme *(f)* 34
seelisch – seelische Verfassung: état *(m)* d'âme
 16, 32
Seite – sich auf jds ~ stellen: se mettre du côté de
 20
selbstsicher – er ist ~ : il est sûr de lui 16
Selbstvertrauen: assurance *(f)* 16
seltsam: drôle 35, étrange 65
Sensationsblatt: feuille *(f)* à sensation 47
Sensationslust: goût *(m)* de la sensation 48
sensibel: sensible 15
sensibilisieren: sensibiliser 29
Sensibilität: sensibilité *(f)* 15, 25; die mangelnde ~ : le manque de sensibilité 15
sentimental: sentimental,e 14, 46
sicher: sûr,e 19, certain,e 19
Sicherheit: sécurité *(f)* 51
Sicht – eine optimistische ~ haben: avoir une
 vue optimiste de 28; aus der ~ von:
 du point de vue de 70, 75; aus dieser ~ :
 de ce point de vue 70
sichtbar: apparent,e 31
Silbe: syllabe *(f)* 38
Singular: singulier *(m)* 59
Sinn: sens *(m)* 16; in gewissem ~ : dans un
 certain sens 63
Sitten: mœurs *(f)* 35
Slogan: slogan *(m)* 50
so: ainsi 70, c'est ainsi que 70, 74
solidarisch: solidaire 19
solidarisieren – sich ~ mit: se solidariser avec 19
sonderbar: drôle 35, étrange 65
Sonett: sonnet *(m)* 37
Sozialprestige: prestige *(m)* social 51
sozusagen: en quelque sorte 71
Spalte: colonne 47; linke ~ : colonne de gauche
 47; rechte ~ : colonne de droite 47
später – 2 Wochen ~ : 2 semaines plus tard 69,
 2 semaines après 69
Spannung: suspense *(m)* 13
spontan: spontané,e 16
Spontaneität: spontanéité *(f)* 54
Sprache: langue *(f)* 43; literarische ~ : langue
 littéraire 54; gehobene ~ : langue sou-
 tenue 53, 54; Umgangssprache: langue
 courante 43, 54; Vulgärsprache: langue
 vulgaire 54
Sprachebene: niveau *(m)* de langue 43, 54
Sprachkünstler: styliste *(m)* 53
Sprachrohr: porte-parole *(m)* 34
Sprachtalent: talent *(m)* verbal 53
Sprechblase: bulle *(f)* 32
sprechen – ~ von: parler de 23
stammen – etw. stammt aus: qc est tiré de 9,
 qc est emprunté à 40

Standpunkt: point *(m)* de vue 18; einen ~ vertreten: soutenir un point de vue 18; vom
 psychologischen ~ aus: du point de vue
 psychologique 63; vom ~ der Jugendlichen aus: du point de vue des jeunes 70, 75
Stärke: puissance *(f)* 31; die ~ der Buch-
 staben: la grosseur des caractères 32
Statistik: statistique *(f)* 49
Steigerung: gradation *(f)* 13, 39, 41, 60
stellen – etw. vor Augen ~ : évoquer qc 39
Stellung – soziale ~ : rang *(m)* social 17;
 ~ nehmen zu: s'exprimer sur 18
Stellungnahme: prise *(f)* de position 48
stereotyp: stéréotypé,e 53
Stil: style *(m)* 42
Stilmittel: procédé *(m)* de style 40, 60,
 moyen *(m)* stylistique 40, 60
Stimme: voix *(f)* 46
Strophe: strophe *(f)* 37, couplet *(m)* 45
Struktur: structure *(f)* 37; formale ~ : structure
 formelle 37; syntaktische ~ : structure
 syntaxique 37
Stufe (Handlung): étape *(f)* 44
Subjekt: sujet *(m)* 58
subjektiv: subjectif,ve 22
Substantiv: substantif *(m)* 58, nom *(m)* 58
suggerieren: suggérer 49
suggestiv: suggestif,ve 49
Suggestivkraft: pouvoir *(m)* suggestif 50
Superlativ: superlatif *(m)* 58
superlativisch: superlatif,ve 58
Symbol: symbole *(m)* 41, 60
Symbolgehalt: valeur *(f)* symbolique 40, 60
symbolisch: symbolique 40, 41
symbolisieren: symboliser 41, 60
Sympathie: sympathie *(f)* 19, 30
sympathisieren: sympathiser 19
Synonym: synonyme *(m)* 56
syntaktisch: syntaxique 37, 57

T

tadelnswert: critiquable 37
Tag – an jenem ~ : ce jour-là 68; am ~ vorher:
 la veille 68; am ~ vor seiner Abreise: la
 veille de son départ 68; am folgenden ~ :
 le lendemain 69; am ~ danach: le lendemain 69; am ~ nach seiner Ankunft: le
 lendemain de son arrivée 69; etw. an den
 ~ legen: faire preuve de qc 15
Tageszeitung: quotidien *(m)* 47
Tat: acte *(m)* 16
Tatsache: fait *(m)* 20; die ~ , dass …: le fait
 que … 20
täuschen – wenn ich mich nicht täusche: si je ne
 me trompe 62

taub: sourd,e 36
technisch: technique 55
Teil – zum ~ : en partie 63
Tempus: temps *(m)* 58
Tempuswechsel: changement *(m)* de temps 59
tendenziös: tendancieux,se 48
Text: texte *(m)* 9;   les paroles *(f)* 45;   ~ und
    Musik schreiben: composer les paroles et la
    musique 45
Textstelle: passage *(m)* 11
Theaterstück: pièce *(f)* de théâtre 32
Thema: sujet *(m)* 9;   thème *(m)* 9
theoretisch: théoriquement 71
Theorie – in der ~ : en théorie 71, 75
These: thèse *(f)* 26;   die ~ vertreten: soutenir la
    thèse 26;   seine ~ stützen: appuyer sa
    thèse 27
Ton – in einem ironischen ~ : sur un ton ironique 13
traditionell: traditionnel,le 40
tragisch: tragique 33
Tragödie: tragédie *(f)* 32
traurig: triste 46
Traurigkeit: tristesse *(f)* 43
Triviales: les lieux *(m)* communs 36
trotzdem: pourtant 70,   quand même 70,
    cependant 70
tun – so ~, als ob …: faire semblant de … 16;
    das hat nichts zu ~ mit: cela n'a rien à voir
    avec 65, 73
Typ: type *(m)* 56
typenhaft – ~ gezeichnet: stylisé,e 34

U

übereinstimmen – ~ mit: s'accorder avec 43, 46,
    être conforme à 54
übereinstimmend: identique 38
übergreifen – ~ auf (Vers): enjamber sur 39
überlegen – jdm ~ sein: être supérieur,e à qn
    14, 15
Überlegenheit: supériorité *(f)* 15
überlegt: réfléchi,e 16
Überlegung: réflexion *(f)* 25
Überleitung: transition *(f)* 12;   etw. dient als
    Überleitung: qc sert de transition 12
übermitteln: transmettre 40
übernehmen – jds Meinung ~ : adopter l'opi-
    nion de qn 52
überprüfen: vérifier 23, 27
Überprüfung: vérification *(f)* 23
Überraschungsmoment: effet *(m)* de surprise 13
überreden: persuader 30
Überredungstechniken: techniques *(f)* de per-
    suasion 50, 53
überschätzen: surestimer 17, 29
Übersicht: aperçu *(m)* 48

übertragen: transposer 45
übertreiben: exagérer 29, 52
Übertreibung: exagération *(f)* 29
übertrieben: exagéré,e 35,   excessif,ve 45
überzeugen: convaincre 30
überzeugend: convaincant,e 27
überzeugt – ~ sein: être convaincu,e 19, 27
Überzeugung: conviction *(f)* 19
umfassen: comprendre 10, 37,   comporter
    37, contenir 37
Umgangssprache: langue *(f)* courante 43
Umgebung: entourage *(m)* 16
Umschreibung: périphrase *(f)* 42, 61
Umschwung – plötzlicher ~ : péripétie *(f)* 33
Umstand – die Umstände: les circonstances *(f)* 32
unerklärlich: inexplicable 13
unerträglich: insupportable 14
unfähig: incapable 31
Ungeduld: impatience *(f)* 55
ungenau: imprécis,e 13, 21
ungerechtfertigt: injustifié,e 21
ungewiß: incertain,e 28
ungewöhnlich: inhabituel,le 58
ungleich: inégal,e 38
ungleichmäßig: irrégulier,ère 43
unhöflich: impoli,e 16
unlogisch: illogique 27
unparteiisch: impartial,e 18, 27
unrealistisch: irréel,le 18
Unrecht – er hat ~ , wenn er sagt: il a tort de
    dire que … 63
unregelmäßig: irrégulier,ère 37, 38, 39
unrichtig: inexact,e 21
unten – weiter ~ : plus loin 66
Unterbewusstsein: subconscient *(m)* 51
unterbrechen: interrompre 33
untergeordnet: secondaire 17
unterhalten – sich ~ : s'entretenir 48
Unterhaltung: conversation *(f)* 48,   entretien
    (m) 48
unterlegen ~ sein: être inférieur,e 15
Unterordnung: hypotaxe *(f)* 57,   subordina-
    tion *(f)* 57
Unterredung: entretien *(m)* 48
unterrichten – jdn ~ über: renseigner qn sur qc 23
unterschätzen: sous-estimer 29
unterscheiden – etw. ~ : distinguer qc 10;   ~
    zwischen: distinguer entre 26;   sich ~ von:
    être différent,e de 38,   se distinguer de 38
Unterscheidung: distinction *(f)* 26
Unterschied – im ~ zu: à la différence de 70, 75
unterstützen: soutenir 73
untersuchen: analyser 26,   étudier 26,
    examiner 26
Untersuchung: analyse *(f)* 26,   enquête *(f)* 31;
    eine genaue ~ : une analyse minutieuse 26;
    eine ~ durchführen: mener une enquête 31